CLV

Charles Swindoll

Riesen und Dornen

Vom Kampf und Sieg über sich selbst

CLV

Christliche
Literatur-Verbreitung e.V.
Postfach 11 01 35 · 33661 Bielefeld

1. Auflage 1993 (Paperback)
2. Auflage 1998 (Hardcover)

Originaltitel: Killing Giants, Pulling Thorns

Postfach 11 01 35 · 33661 Bielefeld
Übersetzung: Jutta Brandt
Umschlag und Satz: CLV
Druck und Bindung: Graphische Großbetriebe Pössneck

ISBN 3-89397-386-9

Inhaltsverzeichnis

Riesen

Große Dinge

Dinge, die kämpfen, toben
… und die Herrschaft herausfordern.
Dunkle Dinge.
Unheilvolle Schatten, die vernichten, schwärzen
… und den Sohn Gottes verdunkeln.

»Und nun gib mir dieses Gebirge,
von dem der Herr an jenem Tag geredet hat!
Denn du hast an jenem Tag gehört,
dass die Enakiter dort sind und große feste Städte.
Vielleicht ist der Herr mit mir,
dass ich sie vertreibe,
wie der Herr geredet hat.«
Josua 14,12

Dornen

Kleine Dinge

Dinge, die stechen, eindringen
… und fortschreitend vergiften.
Unerwartete Dinge.
Tiefliegende Triebe, die einem ein Bein stellen,
in die man sich verwickelt
… und eventuell verfängt.

»Die Dornen, die ich geerntet habe,
sind von dem Baum,
den ich pflanzte;
sie haben an mir gerissen,
und ich blute.
Ich hätte wissen sollen,
welche Frucht aus solch einer Saat erwächst.«
nach Byron

Von Riesen bedroht

Riesen sind schlimm – es ist einfach, darüber zu sprechen, wie man mit ihnen umgeht, solange sie meilenweit von uns entfernt sind – solange sie das Land eines anderen plündern. Aber es ist schon etwas anderes, wenn man feststellt, dass einer vor der eigenen Türschwelle lauert.

Ich kenne das. Ich habe etliche in meinem Vorgarten entdeckt – auf meinem Grundstück – in meiner Gemeinde – auf dem stillen Kampfplatz meiner eigenen Seele.

Menschen wie wir brauchen die Art von Glauben, den der junge David zeigte, als er seine Hand in den kalten Strom tauchte, eine Handvoll Steine ergriff und ging, um die Verabredung mit einem echten Riesen einzuhalten – einem Burschen mit Namen Goliath.

Lassen Sie uns diese Riesen miteinander betrachten. Die einschüchternden Goliaths verdunkeln den Sohn Gottes nur solange sie stehen und rufen – niemals aber nachdem sie geschlagen wurden. In gebeugter Position erscheinen sie nicht annähernd so grimmig.

So wollen wir sie töten, einen nach dem anderen. Mit der Schleuder des Glaubens, dem Stein der Wahrheit und dem Namen des Herrn der Heerscharen als unser Kriegsgeschrei.

Der Schatten des Riesen

Goliath erinnert mich an jemand, der in einer Diskussion kreuz und quer dreinschlägt. Er verzeichnet keine Rekorde, aber mit Sicherheit hält er die Menge wach.

Tag für Tag schritt er am Abhang zum Tal von Elah entlang und schleuderte mit einer Bassstimme wie aus zwanzig Tubas Drohungen und Ausbrüche von Gotteslästerungen auf die andere Seite des Flusses. Er war nicht nur schlimm, er war ungeheuerlich, gut drei Meter groß von Gestalt. Seine Rüstung bestand aus einem Panzer von Bronze, zweihundert Pfund schwer, einem Speer aus reinem Eisen (die Spitze allein wog fünfundzwanzig Pfund) und einem großen Bronzehelm. Fügen wir noch eine weitere Waffe hinzu, Beinkleider und Schuhe aus Bronze, dazu den Gesichtsschutz – und wir haben geradezu die Utensilien zu einem neuen Raumfahrtunternehmen. Mitleid für den armen Mann, der die Pflicht hatte, Goliaths Schild zu tragen!

Gelähmt und hypnotisiert saß das Heer der Israeliten in seinen Zelten. Das einzige Geräusch, das von den israelischen Truppen zu hören war, war das Schlottern ihrer Knie und das Klappern ihrer Zähne – einstimmig.

Bis zu diesem Punkt war Goliath ungeheuer erfolgreich mit seiner Grundstrategie der Einschüchterung. Seine Drohungen dröhnten mit eisiger Regelmäßigkeit über das Tal und bewirkten das gewünschte Ergebnis: Angst! Der aufregende Bericht sagt uns, dass jene monotonen Trompetenstöße aus dem Mund des Riesen vierzig lange Tage jeden Morgen und jeden Abend erschollen. Die Dämmerung des einundvierzigsten allerdings war der Anfang vom Ende für den Riesen aus Gath.

Es war nur um die zehn Meilen entfernt, da war ein ansehnlicher junger Mann – der kleinste in einer Familie von acht Jungen –, der wurde von seinem Vater als Bote fortgeschickt. Dieser harmlose Bote erwies sich als ein Zeitereignis jüdischer Geschichte. Geradewegs aus der Wüste, fort von den Schafen und, viel wichtiger, aus der ehrfürchtigen Gottesgegenwart kommend, hielt David an und verharrte im Zweifel, als er die Kampfzone erreichte. Als junger Mann, dessen unbefleckter Charakter in der Einsamkeit gehegt worden war und der sich in geheimnisvollen Taten der Tapferkeit entwickelt hatte, machte ihn diese Szene stutzig. Der junge Hirte konnte seinen Augen nicht trauen. Die Erklärungen seiner Brüder zu akzeptieren oder sich von den Drohungen des Riesen beeindrucken zu lassen, lehnte er ab, denn David durchschaute die Strategie des Philisters und widerstand ihr durch reinen, festen Glauben.

Sie kennen den Ausgang. Mit einer vielgebrauchten Schleuder aus Leder, einem glatten Stein und einem unbegrenzten Vertrauen in seinen mächtigen Gott stellte David dem Goliath und dem ganzen Heer der Philister den Herrn der Heerscharen vor, dessen Namen sie lange genug gelästert hatten. Der

Bericht schließt mit einer tiefgründigen Feststellung:

»So überwand David mit der Schleuder und mit dem Stein den Philister und er traf den Philister und tötete ihn. David aber hatte kein Schwert in der Hand.« (1. Samuel 17,50)

Was für eine interessante Gegenstrategie! Bis zum heutigen Tag sind zwei zeitlose Wahrheiten im Kampf mit den Riesen lebendig geblieben. Beide sind heute genauso beherzigenswert, wie sie es in den Tagen Goliaths waren:

1. Wir schaffen es nicht, die Riesen zu beherrschen, indem wir ihre Technik anwenden. Das ist »Lektion Nr. 1« für jeden von uns. Im 1. Weltkrieg wäre Goliath deplatziert gewesen mit all seinem Lärm, mit Eisen und Bronze. Nicht aber David – er trug nicht einmal ein Schwert! Sein größter Schutz – die Waffe aus Leder machte ihn einmalig und gab ihm Sieg – war sein innerer Schild des Glaubens. Er hielt ihn frei von der Angst, festigte ihn beim Anhören der Drohungen, er gab ihm einen kühlen Kopf mitten im Chaos, er gab ihm einen klaren Blick.

2. Wir schaffen es nicht, die Riesen zu besiegen ohne große Geschicklichkeit und Disziplin. Ein Streiter Gottes zu sein, für Seinen Weg zu kämpfen, das erfordert viel mehr Sachverstand und Beherrschung, als man sich vorstellen kann. Die Schleuder und den Stein des Geistes zu gebrauchen, das ist weitaus heikler, als den Knüppel des Fleisches zu schwingen. Aber ach, wie wunderbar ist der Sieg, wenn der Stein sein Ziel erreicht hat, und wie endgültig!

Sehen Sie sich einem Riesen gegenüber? Wir wollen die »Akten durchgehen« und 11 Steckbriefe der »dringend Gesuchten« auf der Liste des Herrn betrachten. Situationen, in die Sie bereits einmal oder mehrmals in dieser Woche hineingerasselt sind. Hat die Einschüchterung untragbare Ausmaße erreicht? Schmerzen Ihre Ohren von den ununterbrochenen Drohungen? Laufen Sie nicht weg, aber probieren Sie auch keinen größeren Knüppel. Seien Sie wie David. Bringen Sie Goliath Jahwe, dem Riesen-Töter. Erklären Sie Ihrem mächtigen Gott, wie Sie sich um Seinetwillen mühen, den Sieg zu erlangen – nicht für den Riesen und nicht für Sie.

Und dann legen Sie die Schleuder beiseite, Sie Kämpfer, und vergessen Sie die Steine nicht. Sie haben es geschafft, für Ihr Leben!

Angst

Wir waren rapide abgesackt in einer Dunkelheit von dickem Nebel mit 200 Meilen pro Stunde, doch der abgehärtete Pilot der zweimotorigen Aero/Commander liebte jedes Absacken, jedes Schwanken und Schleudern. Einmal schaute er sogar zu mir herüber, und es brach aus ihm heraus: »He, Chuck, ist es nicht großartig?« Ich gab keine Antwort. Ich schwitzte sie aus den Beinen.

Während das einsame Flugzeug durch den bedeckten Himmel der Vordämmerung schnitt, blickte ich auf jeden Bibelvers zurück, der mir in den Sinn kam, und bekannte noch einmal alles Böse, das ich je getan hatte. Es war, als ob man eine Steilstraße mit einer Geschwindigkeit von 300 Stundenkilometer hinunterjagt, mit einem weißen Betttuch vor der Windschutzscheibe und das Radio dabei bis an die Schwelle spürbaren Schmerzes aufgedreht.

Ich konnte meinem Fluggenossen nicht glauben. Er pfiff und summte vor sich hin, als ob es eine Radtour durch den Park wäre. Sein Passagier allerdings hatte alle zehn Fingernägel im Polster vergraben. Ich starrte sehnsüchtig nach etwas – nach irgendetwas – durch das Tuch der weißen Umgebung um uns herum. Unser Flugbericht an jenem unheimlichen Montagmorgen mag von zwei Passagieren sprechen, aber ich kann mich mindestens für drei verbürgen. Eine unnachgiebige Kreatur flog mit, genannt Angst, und ich teilte mit ihr denselben Sitz.

Angst – das Riesengespenst! Hereingetrieben durch Risse in den Fußbodendielen oder herabsickernd wie feuchte Kälte, so flüstert der Nebel, genannt Angst, sein Omen auf alles Unbekannte und Unheimliche. Einzelheiten umschlingend mit ihrem wogenden Gewand, zischt die Kreatur: »Was ist, wenn … was ist, wenn …?« Ein Hauch ihres schrecklichen Atems verwandelt Heilige in Atheisten, kehrt das ganze Denksystem eines Menschen um. Ihr Biss überträgt ihrem Opfer ein lähmendes Gift, und es dauert nicht lange, bis Zweifel den Blick trüben.

Für einen, der ihrem Angriff zum Opfer fällt, hat diese Kreatur kein Erbarmen. Ihr volles Gewicht lastet auf seinem Rücken, dabei lacht sie hämisch über ihr bedrängtes Spielzeug und kreist um ein weiteres Opfer.

Angst! Sind Sie diesem Biest je begegnet? Sicherlich. Es kriecht durch ein Dutzend verschiedener Türen in unser Cockpit. Angst vor dem Versagen. Angst vor den Höhen. Angst vor der Menge. Angst vor der Krankheit. Angst vor Ablehnung. Angst vor der Arbeitslosigkeit. Angst vor dem, was andere über Sie sagen. Angst vor dem Umzug. Angst vor Höhen oder Tiefen, vor Entfernung oder Tod. Angst, Sie selbst zu sein. Angst vor dem Kaufen. Angst vor dem Verkaufen. Angst vor finanziellem Rückschlag. Angst vor dem Krieg. Angst vor der Dunkelheit. Angst vor dem Alleinsein.

Im Schatten jeder nur vorstellbaren Ecke droht sie den inneren Frieden zu vergiften und das äußere Gleichgewicht zu stören. Einschüchternd wie sie ist, baut diese Kreatur auf erschreckende Taktiken und überraschende Angriffe. Ist sie einmal drin, so schlägt sie schnell zu, um geistliche Stärke in seelische Schwäche zu verwandeln. Die Aussicht auf ihre Überwindung ist weder glänzend noch frohmachend.

Davids 27. Psalm allerdings ist dafür bekannt, ein ungewöhnlich wirksames Antitoxin zu enthalten. Mit breiten, kühnen Strichen schreibt der Monarch Israels (der erste Überwinder eines Riesen, von dem uns berichtet wird) ein Rezept nieder, das die Infusion von Eisen in unsere Knochen garantiert. Mit zwei Fragen begegnet er der Angst von Angesicht zu Angesicht vor seiner Tür:

»... vor wem sollte ich mich fürchten? ... vor wem sollte ich erschrecken?« (V. 1)

Er schlägt der Angst die Tür ins Gesicht mit der Feststellung:

»... so fürchtet sich mein Herz nicht ... trotzdem bin ich vertrauensvoll.« (V. 3)

Dann pfeift er und summt vor sich hin, wenn er zurückgeht in sein Wohnzimmer, in seine Küche, in sein Büro oder Schlafzimmer und erinnert sich an die tägliche Dosierung, die erforderlich ist, um den wiederholten Angriffen der Angst widerstehen zu können:

»Eins habe ich vom Herrn erbeten, danach trachte ich: zu wohnen im Haus des Herrn alle Tage meines Lebens, um anzuschauen die Freundlichkeit des Herrn und nachzudenken in seinem Tempel.« (V. 4)

»... er wird mich verbergen ... wird er mich erheben.« (V. 5) »... Ich will singen und spielen dem

Herrn.« (V. 6) »Harre auf den Herrn! Sei mutig, und dein Herz sei stark, und harre auf den Herrn.« (V. 14)

O, wie brauchte ich dieses Rezept in jenem dunklen Cockpit, als wir Hunderte von Metern durch den Nebel absackten. Könnte es vielleicht sein, dass eine kalte Bewölkung Ihren Horizont gerade jetzt verdunkelt? Ich sage Ihnen etwas – lassen Sie uns den Platz miteinander einnehmen und entspannen wir uns. Gott hat niemals die Landebahn verpasst durch all die Jahrhunderte des furchterregenden Nebels hindurch. Aber Sie müssen sich anschnallen, lieber Freund. Es kann ein bisschen hart werden, bis wir landen.

Schade – dass man Mut nicht folienverpackt kaufen kann wie die Reisetabletten. Ich habe einen Freund, der sonst die Apotheke leergekauft hätte vor nicht allzu langer Zeit während etlicher dunkler Tage in Texas. Können Sie sich an jene zänkische Dame mit dem Namen Miss Hurrican »Carla« erinnern? Lassen Sie es sich von mir sagen, sie war kokett.

Sie winkte in Galveston, pfiff in Palacios, wehte in Corpus Christi, walzte in Port Lavaca herum und zog über Rockport, Arkansas Pass und die halbe Matagorda Insel. Ihre Vorhut warnte, sie sei eine schlimme Frau, aber es waren nur wenige Fischer, die bereit waren, das Rumoren zur Kenntnis zu nehmen, das von den unbeständigen Wassern des Golfs hereinblies. Sie war nicht nur schlimm, sie war teuer und gemein. Jener Mitteseptembertag schloss mit einem Kostenaufwand von vierhundert Millionen Dollar und vierzig Menschenleben.

Ein Freund von mir durchlebte dieses Gottesurteil. Er verbrachte zwei entsetzliche Tage und schlaflose Nächte in seinem Dachgeschoss, umgeben von Klapperschlangen, Wasserspinnen und anderen unangenehmen Besuchern, die aus ihren Behausungen herausgespült worden waren. Das äußere Gekreische von »Carla« vermischte sich scheußlich mit dem tiefen Getöse des Riesen Angst. Ich würde den Mut meines Freundes – und den Mut Hunderter, die wie er das Rasen von »Carla« aushielten – mit jemandem vergleichen, der einer der Schwestern des Todes den Hof gemacht hat und dabei überlebte, um diese Romanze zu beschreiben.

Mut – er hat etliche Namen: Tapferkeit, Trotzen, Furchtlosigkeit, Ritterlichkeit, Heldenhaftigkeit, Dreistigkeit ... und ein paar Spitznamen: Mumm, Grütze, knorrig, Rückgrat, Schneid, Zunder. Aber wie auch immer die Namen lauten, sie alle bedeuten uns, dass es mehr ein Spiel mit der Angst ist: Die Höhen des Himalaja ermutigen ihn. Die Tiefen der Karibik regen ihn an. Das Geschrei des Krieges reizt ihn. Die Schwierigkeit im Beruf motiviert ihn. Die Forderungen der Konkurrenz feuern ihn an. Kritik fordert ihn heraus. Abenteuer weckt ihn auf. Gefahr spornt ihn an. Drohungen beflügeln ihn.

Mut ist nur ein anderes Wort für innere Kraft, geistige Überlegenheit, Entschlossenheit, bei etwas zu bleiben, etwas zu wagen, zu ertragen und Härten zu widerstehen. Das gibt Kraft. Es ist das, was die Pioniere auszeichnete, als sie auf jenen bedeckten Wagen vorwärts rollten, trotz der Elemente und Berge und flammenden Speere. Es ist das, was den Amputierten Mitleid zurückweisen und mit einem Dennoch das Leben in die Hand nehmen lässt. Es ist das, was jedes verheiratete Paar, das Schwierigkeiten hat, dazu treibt, unter keinen Umständen zu sagen: »Lass uns aufhören.« Es ist das, was den Geschiedenen dazu ermutigt, das Morgen ins Auge zu fassen. Es ist das, was die junge Mutter mit Kindern aufrecht hält, trotz der persönlichen Energiekrise.

Mut kämpft gegen Riesen. David hatte ihn, als er nach seiner Schleuder griff im Tal von Elah. Daniel demonstrierte ihn, als er sich weigerte, vor dem Bild des Nebukadnezar in Babylon niederzuknien. Elia bewies ihn angesichts der Baals-Propheten auf dem Karmel. Hiob zeigte ihn, als er mit Beulen bedeckt und von Anfechtungen umgeben war. Mose brauchte ihn, als er dem Pharao am ägyptischen Hofe gegenüberstand und sich weigerte, sich vereinnahmen zu lassen. Die Tatsache ist die – es ist unmöglich, ohne Mut siegreich für Christus zu leben. Das ist der Grund, warum Gottes dreimal an Josua gesprochenes Gebot genauso zeitlos wie wahr ist:

»… Sei stark und mutig …« (Josua 1,6.7.9)

Sind Sie es? Ernsthaft jetzt, hier und heute? Oder sind Sie schnell dabei aufzugeben, eilig bereit fortzulaufen, wenn die Hitze größer wird, wenn die Schatten des Riesen sich an Ihrem Horizont abzeichnen?

Wir wollen uns daran erinnern, dass wirklicher Mut nicht auf den Kriegsschauplatz begrenzt ist, oder auf den Nürburgring, oder auf das Verfolgen der Polizeistreife von Ihrem Wohnzimmer aus. Die wirklichen Mutproben sind viel breiter angelegt … viel tiefer … viel stiller. Es sind innere Proben wie das Treubleiben, wenn es niemand sieht. Das Ertragen des Leides, wenn man im Zimmer allein ist. Das Durchhalten der Einsamkeit, wenn wir missverstanden werden.

Es mag sein, dass Sie nie gefordert sind, Ihre Stube mit einem Schwätzer zu teilen, ein Flugzeug im Blindflug zu landen oder mit einem großkotzigen Philister zu kämpfen.

Aber an jedem Tag wird in irgendeiner Weise Ihr Mut auf die Probe gestellt. Ihre Probe mag so unscheinbar sein wie das kleine Wörtchen »Nein«, so ereignislos wie der Anblick eines Berges schmutziger Wäsche oder so unbeachtet und unangekündigt wie ein innerer Kampf zwischen recht und schlecht. Gottes Medaillengewinner werden im Verborgenen geschaffen, denn die meisten ihrer Mut-Akte ereignen sich tief innen, abseits vom Beifall der öffentlichen Meinung – oben in der Stube – allein mit dem Riesen.

Bitterkeit

Während meiner Zeit im Marine-Corps mieteten meine Frau und ich in San Franzisko ein Studio-Apartment von einem Mann, der seit einer Verletzung im 2. Weltkrieg behindert war. Auf Wake Island gefangengenommen und später jahrelang in China festgehalten, war er teilweise gelähmt, nachdem ihn ein feindlicher Soldat mit einem geladenen Gewehr getroffen hatte.

Als ich diesen Hauseigentümer besuchte, hatte er eine Geschichte nach der anderen zu erzählen, wie barbarisch er behandelt worden sei. Mit harten Worten und leidenschaftlicher Gebärde sprach er von den Torturen, die er ausgehalten hatte, und von seinem ausgesprochenen Hass gegenüber den Japanern. Hier war ein Mann, dem man entsetzlich Unrecht getan hatte – ohne Frage. Das fortwährende Elend und den Schmerz, mit dem er lebte, konnte man nicht ermessen. Ich empfand tiefe Anteilnahme.

Aber es gab einen anderen Faktor, der seine Existenz noch beklagenswerter machte. Unser Hauseigentümer war ein bitterer Mann geworden. Obwohl inzwischen dreizehn Jahre vergangen waren, dass er vom Krieg zurückkehrte, obwohl er aus dem Konzentrationslager befreit und nun in der Lage war, rein äußerlich sein Leben weiterzuführen, obwohl er und seine Frau eine wunderschöne Bleibe besaßen und ein komfortables Einkommen hatten, war der gelähmte Mann von der Macht der Bitterkeit beherrscht. Er kämpfte immer noch einen Kampf, der Jahre zuvor hätte beendet sein müssen. In einem gewissen Sinne war er immer noch gefangen.

Seine Bitterkeit zeigte sich in intensivem Vorurteil, einer scharfen Zunge und in einer Haltung, als ob ihm jeder Böses wolle. Ich bin davon überzeugt, dass er 1957 weitaus schlechter dran war als 1944. Es gibt keine größere Qual als die innere Qual eines nicht vergebungsbereiten Sinnes. Er lehnte es ab, wahrhaftig zu sein, er lehnte es ab, geheilt zu sein, er lehnte es ab, zu vergessen.

Im Neuen Testament kommt jede Erwähnung der Bitterkeit aus derselben griechischen Wurzel *pic* was »schneiden, stechen« bedeutet. Der Gedanke ist ein Stechen oder Punktieren, was scharf und durchdringend ist. Wir lesen in Lukas 22,62: *»Petrus weinte bitterlich«*. Er weinte, weil er sich in seinem Gewissen »geschnitten« fühlte. Er war »tief getroffen«, so würden wir sagen. In Apostelgeschichte 8,23 wurde einem Mann gesagt, er sei »voll bitterer Galle«, als er göttlich und geistlich mächtig erscheinen wollte. Er war schlichtweg ein religiöser Schwindler, bitter bis zum Gehtnichtmehr.

Hebräer 12,15 stellt fest, dass eine Wurzel der Bitterkeit aufwachsen und Unheil anrichten kann, so dass viele verletzt werden. Man kann die Pflanze der Bitterkeit nicht pflegen und sie zugleich geheimhalten wollen. Die bittere Wurzel trägt bittere Frucht. Sie mögen denken, Sie könnten sie verbergen, damit leben, darüber lächeln und sie tragen, aber Sie können das nicht. Langsam, unerbittlich wird die scharfe, schneidende Spitze der Unversöhnlichkeit ihren Weg an die Oberfläche finden. Die Giftsaat wird heimtückische Wege finden, andere zu verletzen. Die Ironie dabei ist, dass derjenige, der um sich schlägt, der ist, der am meisten leidet. Er wird das Opfer des Riesen, den er verweigert zu erschlagen.

Wie kann ich solch eine Behauptung aufstellen. Aufgrund des Gleichnisses, das Jesus in Matthäus 18 darstellt! Nehmen Sie eine Bibel und lesen Sie die Verse 21 bis 35. Der Kontext ist »Vergebung«. Der Hauptdarsteller ist ein Mann, der es ablehnt, einem Freund zu vergeben, obwohl er selbst erst kurz vorher von einer enormen Schuld befreit worden ist. Wegen der geheimen Ablehnung der Vergebung wird dieser bittere Mann »seinen Peinigern« überantwortet. Und dann fügt Jesus die treffenden Worte hinzu:

»So wird auch mein himmlischer Vater euch tun, wenn ihr nicht ein jeder seinem Bruder von Herzen vergebt.« (V.35)

Haben Sie gehört, was er sagte? Er sagte, dass wir, die wir es ablehnen zu vergeben – wir, die wir in der Bitterkeit wie Galle leben, – Opfer der peinigenden, ätzenden, intensiven inneren Qual werden. Wenn wir Gefühle der Bitterkeit pflegen, sind wir nur ein bisschen besser dran als die Insassen eines Konzentrationslagers. Wir schließen uns selbst ein in ein einsames isoliertes Zimmer, eingemauert in unsere Ablehnung der Vergebung.

Bitte erinnern Sie sich daran – Jesus sprach zu seinen Jüngern, nicht zu Ungläubigen. Ein Christ ist ein Kandidat für die Haft – und für unaussprechliches Leid –, bis er anderen voll und ganz vergibt, selbst wenn er im Recht ist. Ich kann jetzt verstehen, warum Paulus die Bitterkeit zuerst anführte, als er den Ephesern schrieb:

»Alle Bitterkeit und Wut und Zorn und Geschrei und Lästerung sei von euch weggetan, samt aller Bosheit. Seid aber zueinander gütig, mitleidig und vergebt einander, so wie auch Gott in Christus euch vergeben hat.« (Epheser 4,31.32)

Um Ihretwillen – ich möchte Sie drängen, »alle Bitterkeit« wegzulegen – jetzt! Töten Sie diesen Riesen mit dem glatten Stein der Vergebung. Es gibt keinen Grund, eine Minute länger in dem eigenen Konzentrationslager zu bleiben. Der Fluchtweg ist klar markiert. Er führt zum Kreuz ..., wo der Eine, der als einziger das Recht hatte, bitter zu sein, es nicht war.

Eifersucht

Wie eine vor Ärger blinde, halbverhungerte Ratte die faul riechenden Kanalanlagen unter der Straße durchstreift, so ist ein Mensch in dem erstickenden Radius selbstsüchtiger Eifersucht eingesperrt. In die Falle geraten durch Empfindlichkeit und krank vor Wut, nährt er den Schmutz seiner eigenen Vorstellung.

»Eifersucht«, heißt es in Sprüche 6,34, *»erweckt den Grimm des Mannes.«*

Die Hebräer gebrauchten nur ein Wort für Eifersucht, wie es im Alten Testament geschrieben ist: *qua-nah,* was so viel bedeutet wie »intensiv rot sein«. Der Begriff ist bezeichnend für jemanden, dessen Gesicht aufflammt, wie ein plötzlicher Anstieg des Bluts eine Gefühlswelle ankündigt. Um die böse Ironie der Sprache zu demonstrieren: »Eifer« und »eifrig« kommen von demselben Wort wie »Eifersucht«.

Hier ist der Weg, wie es funktioniert. Ich liebe etwas sehr, in der Tat, zu sehr. Ich verfolge es mit Eifer. Tatsächlich wünsche ich, es ganz zu besitzen. Aber das, was ich liebe, entgleitet meinen Händen und gerät in die Hände anderer. Ich beginne, die an mir nagenden ersten Schmerzen der Eifersucht zu erleben. Eigenartig, die Gefühle von Eifer und Liebe fangen an, sich zu verändern. Durch die dunkle, verändernde Macht der Sünde kehrt sich meine Liebe in Hass. Einst war ich offen, glücklich, bis zum Rand gefüllt mit ausgesprochener Freude, aber nun nicht mehr! Jetzt bin ich eingeschlossen in einen engen Bereich innerer Wut, intensiven und sinnlosen Ärgers.

Eifersucht und Neid werden oft in austauschbarer Weise gebraucht, aber da ist ein Unterschied. Neid beginnt mit leeren Händen, darüber murrend, was man nicht hat. Dante stellt ihn wie einen blinden Bettler dar, dessen Augenlider zugenäht sind. Der neidische Mensch ist unvernünftig, denn er ist wie zugenäht. Eifersucht ist nicht ganz dasselbe. Sie beginnt meist mit vollen Händen, doch sie ist von dem Verlust der Fülle bedroht. Es ist der Schmerz, das, was ich habe, an einen anderen zu verlieren, trotz meines ganzen Bemühens, es zu behalten. Daher der gepeinigte Schrei von Othello, als er fürchtet, Desdemona zu verlieren:

> Lieber Kröte sein
> und von den Dünsten eines Kerkers leben,
> als dass ein Winkel im geliebten Wesen
> für andre sei. 3. Aufzug, 3. Szene

Das war die Sünde Kains. Er war eifersüchtig auf Abel. Er nahm es Gott übel, dass er das Opfer seines Bruders annahm. Zweifellos war sein Gesicht rot vor Erregung, und seine Augen füllten sich mit Wut, als Gott sich über das Opfer Abels freute. Und die Eifersucht legte sich nicht eher, bis sich Abels warmes Blut über die grausamen Hände Kains ergoss. Salomo hätte die Inschrift für Abels Grabstein schreiben können:

»Stolze Augen, falsche Zunge und Hände, die unschuldiges Blut vergießen, ein Herz das heillose Anschläge schmiedet, Füße, die eilig dem Bösen nachlaufen, wer Lügen vorbringt als falscher Zeuge und wer freien Lauf lässt dem Zank zwischen Brüdern.« (Sprüche 6,17-19)

Jeder, der Befreiung von diesem höllischen Riesen erfahren hat, weiß nur zu gut um die Barbarei seiner Beschlagnahme. Eifersucht wird eine Freundschaft zerbrechen, eine Romanze beenden und eine Ehe zerstören. Sie wird Spannung zwischen Kollegen bringen. Sie wird die Einheit eines Teams zunichte machen, sie wird eine Gemeinde ruinieren, sie wird Verkündiger ins Abseits bringen, sie wird Konkurrenz in einem Chor begünstigen, Bitterkeit und Fingerzeigen unter talentierte Instrumentalisten und fähige Sänger bringen. Mit schiefem Blick wird der Riese der Eifersucht Motive hinterfragen und den Erfolg anderer beklagen. Er macht grob, misstrauisch, eng und negativ. Ich weiß, was ich sage. Viele meiner früheren Jahre lebte ich in der düsteren, vergasten, unterirdischen Pipeline der Eifersucht, atmete ihre Dünste ein und gehorchte ihren Befehlen. Es war großes Leid.

Doch endlich, durch die Gnade Jesu Christi, erkannte ich, dass ich nicht in der Dunkelheit leben muss. Ich erschlug den Riesen und schlich mich heraus … und das erlösende Sonnenlicht der Freiheit nahm mein Herz gefangen. Die Luft war so frisch und rein. O, dieser Unterschied! Es ist völlige Freude.

Fragen Sie meine Frau.

Lust

Simson war ein Er mit einer Sie-Schwäche. Trotz der Tatsache, von gottesfürchtigen Eltern geboren zu sein, von Geburt an als ein Nasiräer beiseite gestellt und erhoben in die beneidenswerte Position eines Richters in Israel, bezwang er doch nie den unbarmherzigen Riesen, genannt Lust. Im Gegenteil, der besiegte ihn. Etliches, das seinen Hang zur Lust kennzeichnet, kann aus seinem Lebensbericht im Buch der Richter beobachtet werden:

1. Die ersten Worte aus seinem Mund, die uns berichtet werden, sind die: Ich habe ein Mädchen gesehen (14,2).

2. Genau genommen, er wurde von der äußeren Erscheinung des anderen Geschlechts angezogen: Gib mir diese, denn sie gefällt meinen Augen (14,3).

3. Er richtete Israel zwanzig Jahre lang und fiel sofort zurück in seine alte Gewohnheit der Frauenjagd – eine Hure in Gaza und schließlich Delila (15,20 – 16,4).

4. Er verlor sich so in seinen lustvollen Begierden, dass er es nicht einmal merkte, dass der Herr sich von ihm abgewandt hatte (16,20).

Die Folgen von Simsons unerlaubten Affären sind uns allen bekannt. Der starke Mann von Dan wurde gefangengenommen und ein Sklave im Lager des Feindes. Man stach ihm seine Augen aus, und er wurde dazu bestimmt, in einem Gefängnis der Philister die Mühle zu drehen. Lust, der Riesenkerkermeister, führte zum Binden, Erblinden und Zerschinden. Der ganze Stolz Israels, einst Inhaber des höchsten Amtes im Land, wurde zum kahlköpfigen Clown der Philister, eine erdrückend leere Hülle des Menschseins. Seine Augen würden nie mehr umherwandern. Sein Leben, einst erfüllt mit Verheißung und Gottes Kraft, war nun ein Porträt hoffnungsloser, hilfloser Verzweiflung, gezeichnet als weiteres Opfer der Lust. Die duftenden Erinnerungen des erotischen Vergnügens in Timna, Gaza und dem schändlichen Tal von Sorek wurden nun übertroffen von dem faulen Gestank eines Kerkers der Philister.

Ohne es zu ahnen schrieb Salomo einen anderen Spruch – und zwar diesen für Simsons Grabstein:

»Der Gottlose verfängt sich in seiner eigenen Schuld und wird festgehalten von den Stricken seiner eigenen Sünde. Er geht aus Mangel an Zucht zugrunde und taumelt dahin wegen seiner großen Torheit.« (Sprüche 5,22.23, nach Bruns)

Dieselben Worte könnten gut in den Marmor vieler anderer Grabsteine hineingemeißelt sein. Ich denke zum Beispiel an den Redner von Rom mit der goldenen Stimme, Markus Antonius. In seinen frühen Mannesjahren verzehrte er sich so sehr in der Lust, dass sein Lehrer einmal voller Ekel ausrief:

»O Markus! O kolossales Kind … fähig, die Welt zu erobern, aber unfähig, einer Versuchung zu widerstehen!«

Ich denke an einen Mann, dem ich vor ein paar Monaten begegnete – ein feiner Verkündiger des

Evangeliums. Er sagte, er habe eine geheime Liste aufgestellt von Männern, die einmal herausragende Ausleger der Schrift waren, fähige und geachtete Gottesmänner, die in ihrem Glauben Schiffbruch erlitten haben in den Tiefen der moralischen Abgründe. In der vergangenen Woche, so sagte er, sei er bei Nummer 42 in seinem Buch angekommen. Diese traurige, schmutzige Statistik, betonte er, veranlasse ihn, besonders behutsam und zurückhaltend in seinem eigenen Leben zu sein.

Ein Schauer lief mir den Rücken hinunter, als er diese Geschichte erzählte. Niemand ist immun. Sie sind es nicht. Ich bin es nicht. Lust nimmt keine Rücksicht auf Personen. Entweder durch wilde Angriffe oder durch feine Winke – die Sinne vieler Menschen sind verwundbar durch ihre Angriffe. Hart im Beruf stehende Männer und Frauen, zu Hause Arbeitende, Studenten, Schreiner, Künstler, Musiker, Piloten, Bankleute, Senatoren, Klempner sowie auch Manager und Redner. Die verlockende Stimme der Lust kann den intelligentesten Geist beeinflussen und ihr Opfer dahingehend verführen, ihren Lügen zu glauben und auf ihre Bitte zu reagieren. Und hüten Sie sich – dieser Riese gibt niemals auf … er läuft den Gedanken niemals davon. Verriegeln Sie Ihre Haustür, und er wird am Schlafzimmerfenster klappern, durch die Mattscheibe des Fernsehens in Ihr Wohnzimmer hineinkriechen oder Ihnen auf einer Zeitschrift an der Bude entgegenwinken.

Wie handhaben Sie solch einen aggressiven Eindringling? – Versuchen Sie dies: Wenn die Lust ein

Rendezvous vorschlägt, schicken Sie Jesus Christus als ihren Vertreter.

Lassen Sie Ihn Ihren unerwünschten Freier darüber informieren, dass Sie mit ihm nichts zu tun haben möchten … nichts. Lassen Sie Ihren Herrn ihn daran erinnern, dass Sie kein Sklave der Riesen mehr sind, seitdem Sie und Christus zusammengehören. Sein Tod und Seine Auferstehung befreiten Sie von dem Würgegriff der Sünde und gaben Ihnen einen neuen Herrn. Und bevor Sie der Lust den endgültigen Stoß versetzen, fort aus Ihrem Leben, lassen Sie Christus die Lust darüber informieren, dass fortdauernder Friede und Vergnügen in Ihrem neuen Heim mit Christus so viel größer sind als der vorübergehende Reiz der Lust, dass Sie sie nicht länger um sich haben möchten, um Sie glücklich zu machen.

»Oder wisset ihr nicht, dass wir, so viele auf Christum Jesum getauft worden, auf seinen Tod getauft worden sind? So sind wir nun mit ihm begraben worden durch die Taufe auf den Tod, auf dass, gleichwie Christus aus den Toten auferweckt worden ist durch die Herrlichkeit des Vaters, also auch wir in Neuheit des Lebens wandeln.« (Römer 6,3-4)

Aber Lust ist beharrlich. Wenn Sie einmal an Ihrer Tür angeklopft hat, dann wird sie wieder klopfen. Und wieder. Sie sind solange sicher, wie Sie die Kraft Ihres Heilandes in Anspruch nehmen. Versuchen Sie die Sache selbst in die Hand zu nehmen, dann werden Sie verlieren – jedesmal. Darum werden wir immer und immer wieder im Neuen Testament gemahnt, den sexuellen Versuchungen zu fliehen. Denken Sie daran, die Lust ist dazu verpflichtet, Krieg in Ihrer Seele anzuzetteln – einen Kampf zwischen Leben und Tod – in einem sehr handgreiflichen Kampf. Bleiben Sie nicht vor diesem Todfeind stehen und argumentieren oder kämpfen Sie nicht in eigener Kraft – laufen Sie in Deckung. Schreien Sie nach Verstärkung. Rufen Sie einen Streik aus. Wenn Sie sich selbst in eine Situation hineinbringen, die Sie verteidigungsunfähig und schwach lässt, wenn Ihre Tür auch nur ein bisschen angelehnt ist, dann können Sie sicher sein, dass der alte Feind sie aufstoßen wird mit einem Sechsergeschoss. Darum, lassen Sie sie nicht offen. Geben Sie der Lust keinen festen Stand … auch nicht den kleinen Finger.

Joseph war ein hingegebener, gut disziplinierter Gläubiger, und er war clever genug zu erkennen, dass er mit der Lust nicht spielen konnte, ohne von ihr gegeißelt zu werden. Als es Zeit wurde zu eiligem Weggehen, zog es Jakobs Sohn vor, lieber seinen Mantel zurückzulassen, als zu zögern. Nicht so Simson. Dumm, wie er war, dachte er, er könne die Lust liebkosen, ihr schweres Parfüm einatmen und ihre warme Umarmung genießen ohne die geringste Gefahr, von ihr eingefangen zu werden. Was als eine harmlose, zarte, attraktive Taube heimlicher Liebe erscheint, verwandelt sich in einen zum Alpdruck werdenden Geier.

Lust ist eine Flamme, die man nicht entfachen darf. Sie werden sich daran verbrennen, wenn Sie es tun. Simson würde diese Warnung für mich unterschreiben, wenn er es könnte; denn er redet noch, obwohl er tot ist.

Depression

Die gedämpften Töne von Peggy Lees Stimme schießen mir gelegentlich durch den Kopf, so wie eine Seebrise über trockenen, von der Sonne ausgewaschenen Strand:

»Ist das alles … Ist das alles …?«

Ohne beabsichtigte Bitterkeit stelle ich diese plagende Frage nach bestimmten Situationen – und so werden es die meisten von Ihnen tun. Wie oft sind wir wie die Gezeiten! Wenn wir *high* sind, sind wir durchflutet von Optimismus, Hoffnung und angenehmen Erwartungen. Aber wenn wir *down* sind, mit unseren Bremsklötzen von Enttäuschung und Mutlosigkeit festgenagelt, dann lassen wir uns auf Gefühle rauer Ernüchterung ein. Gewöhnlich verstecken wir die ausschlagenden inneren Gezeiten vor anderen, schützen uns selbst mit einem dicken Gewand als unser öffentliches Image, das mit dem Wachs der Oberflächlichkeit auf Hochglanz gebracht wird – mit einem oder zwei religiösen Klischees verziert. Aber immer wieder, zwischendrin zur Zeit der Ebbe, wehen kalte Winde durch den leeren, leeren Strand. Und aus der Tiefe kriecht ein weiterer Riese – ein Drache, genannt Depression.

Doch wenn Sie der Typ sind, der aufrichtig und wahrhaftig niemals down ist – der niemals die drückende Qual periodischer Depressionen spürt (ich bin sicher, es sind wenige), dann werden Sie meine Bilder nicht verstehen oder den Rahmen dazu. Aber wenn Sie so sind wie ich, dann werden Sie keinen Führer zur Hilfe brauchen durch diese Galerie, wo Schatten ihre schwächende Aura werfen.

Es gibt eigentümliche Zeiten bodenloser Tiefs, die oftmals einem großen Sieg folgen.

Ist das alles … ist das alles, was zum Sieg gehört? fragte Elia. Soeben zurück von einem betäubenden Sieg am Karmel, wurde der Prophet verwundbar und ängstlich. Allein unter den knorrigen Zweigen eines sich windenden Wacholderbaums schrie er zu Gott – nicht in spontanem Lobpreis, sondern überwältigt von Selbstmitleid. Elia erlitt das Tief, das oft dem Sieg folgt.

Dann gibt es spezielle Tiefs, die großartige Eingebungen begleiten.

Nachdem Paulus gigantische Schritte in die weiten Gebiete Asiens unternommen und eine geistliche Grundlage erarbeitet hatte, die der Kirche jahrhundertelang dienen sollte – wurde der Apostel von einem Tief gefangengenommen. Er gibt das freimütig zu in seinem zweiten Brief an Freunde in Korinth:

»Wir wollen euch nicht verschweigen, liebe Brüder, unsre Trübsal, die uns in der Landschaft Asiens widerfahren ist, wo wir über die Maßen beschwert waren und über Vermögen, so dass wir auch am Leben verzagten.« (2. Korinther 1,8)

Auf den Höhen der Vollendung einer ungeheuren Erkenntnis strauchelte Paulus und fiel in einen tiefen Brunnen plötzlicher Verzweiflung. Müde, einsam und emotional ausgetrocknet, verlor der reife

Apostel den Boden unter den Füßen. Ein Tief begleitet gelegentlich eine Erkenntnis – eine Krankheit, die nicht nur auf die Heiligen des ersten Jahrhunderts begrenzt ist.

Und es gibt jene Tiefs, die sich selbst an große Tapferkeit binden.

Ist das alles … ist das alles bei der Tapferkeit? David fragte so. Er hatte einen Riesen getötet und eine Prinzessin geheiratet. Er war ein hitziger und findiger Frontkämpfer, aber er fand sich selbst als Zielscheibe seines eigenen Königs. Obwohl ein erprobter und ergebener Krieger, unvergleichlich in Israels Reihen der Tapferkeit, war er gezwungen zu fliehen. Das brachte ihn zum Schwanken, zum scheinbaren Wahnsinn vor dem König von Gath. Der einst erhabene Mann der Tapferkeit *»rannte gegen die Pforte des Tores und ließ seinen Speichel in seinen Bart fließen«* (1. Samuel 21,13). David hatte mit Bären gerungen, war mit starken Löwen fertig geworden und hatte einen Dreimeter-Philister umgelegt …, aber er behandelte einen äußeren Riesen wie einen inneren und gab sich jetzt in einer Zeit der Ebbe hilflos. All seine Tapferkeit schien nur ein billiger, leerer Traum.

Ebbezeit – wie schmerzlich und doch wie wesentlich! Ohne sie wird der wechselnde Ozean zu einem vorhersagbaren tragenden Leib des Wassers ohne die mysteriöse Ehe mit dem Mond, seinen romantischen, magnetischen Reiz verlierend. Ohne sie gäbe es keine Notwendigkeit für Elisa, dem Elia in Schmerzen zu dienen … keine Notwendigkeit für Menschen mit

Erkenntnissen, auf ihr Angesicht zu fallen in Abhängigkeit vor Gott ... keine Notwendigkeit für die Tapferen, an die Quelle ihrer Kraft erinnert zu werden.

Ist das alles ... ist das alles in den Zeiten der Ebbe? Nein, es gibt mehr, viel mehr, und das meiste davon kann nie beschrieben werden – nur entdeckt!

Einsamkeit

Das ist das verheerendste Wort in der gesamten menschlichen Sprache. Es ist imstande, das schwerste Gewicht auszudrücken, das ein Herz ertragen kann. Es spielt keine Lieblingsmusik, ignoriert alle Regeln der Höflichkeit, kennt weder Grenze noch Hindernis, gewährt keine Barmherzigkeit, weist alle guten Gelegenheiten zurück und hält die Zeit ein in äußerster Verachtung. Sie ist unbestechlich. Sie kann nicht zurückgelassen werden. Menschenmassen machen sie nur noch schlimmer, Aktivität treibt sie nur noch tiefer hinein. Still und destruktiv, wie ein dahintreibender Fluss in der Nacht, hinterlässt sie ihre schlammigen Ufer, sickert ein in unsere Behausung und wächst an zu einem Gipfel der Verzweiflung. Tränen fallen aus unseren Augen wie das Murren aus unseren Lippen – denn Einsamkeit, jener ungebetene Gast unserer Seele, kommt in der Dämmerung und bleibt bis zum Abendbrot.

Sie kennen die unterste Sprosse der Melancholie-Leiter nicht, bis die Einsamkeit Ihnen einen ausgedehnten Besuch abgestattet hat. Peter Tschaikowsky kannte sie. Der Komponist schrieb die folgenden Worte in einer Molltonart:

»Nichts anderes als das einsame Herz, kann fühlen meinen Seelenschmerz …«

Es gibt keinen bedrückenderen Seelenschmerz wie den verzehrenden Seelenschmerz der Einsamkeit. Fragen Sie den Gefangenen im Gefängnis an diesem Abend … oder den Mann in Uniform, Tausende von Meilen entfernt auf See oder in irgendeiner Bar heute abend … oder den Geschiedenen in jener Wohnung … oder den, der gerade seinen oder ihren Lebensgefährten beerdigt hat … oder das Ehepaar, dessen Arme noch schmerzen wegen des Kindes, das ihnen vor kurzem genommen wurde … oder auch die alleinstehende, karrierebewusste Person, die eine Mahlzeit für einen Single zubereitet und früh zu Bett geht, allein, umgeben von der stummen Erinnerung des gestrigen Leides und der heutigen Enttäuschung.

Meine Wege kreuzten die Wege vieler, welche die Wehklage Tschaikowskys als Echo für sich hätten nehmen können … wie die kleine Witwe, die nun allein lebt, nur mit Bildern von ihm, den Gott nahm … wie die junge Krankenschwester 1967, die nach einer zerschmetterten Romanze und einer gebrochenen Verlobung nach Übersee ging, um darüber hinwegzukommen … wie der Alkoholiker, der an einem Wintermorgen an meinem Schreibtisch weinte, die bittere Nachricht in Händen – von seiner Frau und den Kindern hinterlassen: »Auf Wiedersehen, für immer!« … wie der Ehemann neben dem Grab auf einem vom Wind gefegten Hügel, der an meiner Schulter schluchzte: »Was nun?« … wie das enttäuschte Teenagermädchen, fort von zu Hause und schwanger – mit der Frage: »Wie geht's morgen weiter?«

Vor einiger Zeit setzte jemand diese Anzeige in die Zeitung von Kansas:

»Ich werde Ihnen ohne Kommentar 30 Minuten lang zuhören. Für 5 Dollar.«

Klingt nach Schwindel, nicht wahr? Aber die Person meinte es ernst. Rief jemand an? Sicherlich: Es dauerte nicht lange, da bekam dieser Mensch zehn bis zwanzig Anrufe am Tag. Die Qual der Einsamkeit war so stechend, dass einige bereit waren, alles zu versuchen für eine halbe Stunde der Gesellschaft.

Gott weiß das, mein Freund, und er kümmert sich um Sie. Bitte glauben Sie das! Er weiß es nicht nur und kümmert sich darum – er versteht Sie auch, er ist berührt, er ist bewegt. In jeden Pulsschlag des Seelenschmerzes hineinfühlend, sehnt Er sich danach, uns zu stützen und uns herauszuheben.

Im Würgegriff auf Golgatha erfuhr unser Heiland die äußerste Auswirkung der Einsamkeit. Für eine Zeit verließ Ihn Sein Gott. Seine Freunde waren bereits geflohen. Einer hatte Ihn verraten. Nun wandte sich auch Sein Gott ab. In der bodenlosen Todesangst jenes Augenblicks rief unser Herr – Er schrie buchstäblich laut (Matthäus 27,45-46). Die Einsamkeit jener dunklen Augenblicke, als unser Heiland unsere Sünde trug, kann nicht hinreichend auf Papier gebracht werden. Kalte Buchstaben können das nicht weitergeben.

Aber ist es ein Wunder, dass es Ihm nun möglich ist, mitzufühlen und miteinzutreten, wenn es zum Krieg kommt gegen den Riesen mit Namen Einsamkeit?

Diejenigen, welche die Wunden des Kampfes tragen, brauchen keine Erklärung des Schmerzes – nur eine Einladung, die Wunden zu teilen und, wenn möglich, sich bei der Heilung helfen zu lassen.

Wenn wir einsam sind, dann brauchen wir einen verständnisvollen Freund. Jesus ist der eine, der uns näher ist als ein Bruder.

Wenn wir einsam sind, brauchen wir die Kraft, einen Fuß vor den anderen zu setzen. Jesus ist der eine, der mich stärkt. Wenn wir einsam sind, ist es notwendig, die Augen von uns abzuwenden. Jesus, der »Anfänger und Vollender« des Glaubenslebens, lädt uns ein, *»aufzusehen auf ihn«* (Hebräer 12,3) und es abzulehnen, zu unterliegen.

Irgendwie, mit einem neuen Brennpunkt, scheint die Einsamkeit sich in unserer Seele nicht mehr so niederzulassen wie vorher. Da ist einfach kein Platz. Friede schlägt das erste Zelt auf. Jesus antwortet Tschaikowsky mit diesen Worten in einer Dur-Tonart:

»Nichts anderes als das vertrauensvolle Herz kann meine Befreiung kennen!«

Ärger

Leonard Holt war ein Musterbeispiel an Ehrbarkeit. Er war ein hart arbeitender Labortechniker in mittleren Jahren, der neunzehn Jahre lang in derselben Papierfabrik gearbeitet hatte. Als Leiter einer Pfadfindergruppe, liebevoller Vater, Mitglied der örtlichen Feuerwehr und regelmäßiger Kirchgänger wurde er in seiner Gemeinde als Vorbild betrachtet. Bis …

… dieses Bild in einer gut geplanten Stunde des Blutvergießens an einem frischen Oktobermorgen platzte. Holt beschloss, eine Ein-Mann-Revolte in Szene zu setzen gegen eine Welt, über die er sich innerlich ärgerte. Als tüchtiger Scharfschütze stopfte er sich zwei Pistolen in seine Manteltaschen – eine 45er Automatik und eine Smith und Wesson 38 – bevor er in seinem Kombi zur Fabrik fuhr. Leises Parken, ein Griff mit jeder Faust nach einer Waffe, und dann schlich er in den Laden. Er begann mit solch einem Wahnsinn zu schießen, dass es einer Szene aus dem billigsten Krimi gleichkam. Etliche seiner Kollegen erreichten zwei und drei Kugeln, zusammen mehr als dreißig Schüsse feuernd. Das war wohlüberlegtes Töten einiger Männer, die er mehr als fünfzehn Jahre gekannt hatte. Nachdem sich ein Polizeiaufgebot gebildet hatte, den Mann gefangen zu nehmen, fanden sie ihn in seiner Tür stehend, herausfordernd knurrend: »Kommt und fasst mich, ihr … !«

Vollkommene Verwirrung fegte über die Nachbarschaft. Fassungslose Polizisten und Freunde entdeckten schließlich eine dünne Kette der Logik hinter seinem kurzen Terrorakt. Tief unten in Herz und Seele von Leonard Holt rumorte der Riese Ärger. Der Mann, der nach außen wie ein Mönch wirkte, kochte innerlich vor mörderischem Hass. Eine anschließende Untersuchung führte die Beamten zu zahlreichen Entdeckungen, die den Beweis dafür lieferten. Etliche Opfer waren befördert und über ihn gesetzt worden, während er in seiner alten Position geblieben war. Mehr als einer von seiner Fahrgemeinschaft hatte es aufgegeben, mit ihm zu fahren wegen seiner rücksichtslosen Fahrweise. Einem Nachbarn hatte er nach einem Streitgespräch über einen umgefallenen Baum eine Schlägerei angedroht. Der Mann war »bis zum Rand gefüllt« mit einem Hass, der nicht länger unter Kontrolle gehalten werden konnte.

Unter seinem Bild in der Zeitung sagte die Unterschrift die Wahrheit: »Verantwortlich, ehrbar – und voller Ärger.« Äußerlich prangte der Mann vor Gemüt und Ehrbarkeit. In der Kirche trug er ein Lächeln, das einen auf den Gedanken brachte, er säße Seite an Seite mit Gabriel persönlich. Er kannte die Lieder auswendig. Er sprach in überzeugender, gütiger Art mit seinen Pfadfindern. Neunzehn Jahre lang tat er seine Arbeit mit lobenswertem Fleiß, an jedem Tag freundliche Worte mit seinen Vorgesetzten wechselnd.

Und dann gab es einen Knacks. Sein Lächeln verwandelte sich in Starrheit. Das Furnier der Ruhe kam mit vulkanischer Kraft zum Platzen. Der singende Kirchgänger wurde ein profaner Ungläubiger.

So ist es mit dem Ärger. Mit der Erlaubnis, bei Nichtbeachtung zu schwelen, verdichten sich die toxischen Dünste des Hasses und kommen in der Kochstelle der Seele zum Sieden. Druck wächst zu einem wahnsinnigen Überdruck. Und dann ist es nur noch eine Frage der Zeit. Der Schaden ist immer tragisch, oft nicht wieder gut zu machen:

Ein geschlagenes Kind,
ein Leidenschaftsverbrechen,
hässliche, beißende Worte,
Arbeitsverlust,
ein Ausreißer,
ein schlechter Ruf,
häusliche Disharmonie,
ein ruiniertes Zeugnis.

Nichts davon ist neu. Salomo beschrieb das Problem vor langer Zeit:

»Glatte Lippen und ein böses Herz, das ist wie Tongeschirr, mit Silberschaum überzogen. Der Hasser verstellt sich mit seiner Rede, aber im Herzen ist er falsch; wenn er seine Stimme holdselig macht, so glaube ihm nicht; denn es sind sieben Gräuel in seinem Herzen. Wer den Hass trügerisch verbirgt, dessen Bosheit wird doch vor der Gemeinde offenbar werden.« (Sprüche 26,23-26)

Die Antwort auf den Ärger ist nicht kompliziert, sie ist nur schmerzlich. Sie erfordert *Aufrichtigkeit.*

Sie müssen als erstes den Riesen aufdecken und bloßstellen. Dann erfordert sie *Demut*. Sie müssen ihn vor dem einen bekennen, der für solche Sünden starb. Es mag sogar notwendig für Sie werden, etwas in Ordnung zu bringen mit denen, die Sie aus verärgerter Bitterkeit heraus beleidigt haben. Schließlich erfordert es *Verwundbarkeit* – eine Bereitschaft, diesen Hang der regelmäßigen Überprüfung Gottes unterzuordnen, und eine ehrliche, lernbereite, ungeschützte Haltung.

Niemand hat sich je erträumt, dass Leonard Holt mit einem Riesen namens Ärger lebte. Und niemand ahnt, dass Sie es auch tun.

Noch nicht …

Leid

Zwei Jungen im Grundschulalter waren zum ersten Mal in ihrem Leben absolut still. In getrennten Blutlachen, jeder unter einer blassgrauen Decke, warteten sie auf die Ankunft des Leichenbeschauers. Für sie endete die Schule vorzeitig. Mit allmächtiger Autorität besuchte der grausame Schnitter die große Stadt an der Ecke Lerchenstraße und Heineallee – unangemeldet und ungeladen. Bei starkem Verkehr. Bei hellem Tageslicht. Tod, der Diktator kam, sah und siegte. Er macht das immer so, was George Bernard Shaw zu schreiben veranlasste:

»Die Todesstatistiken sind sehr eindrucksvoll. Einer von einem Menschen stirbt.«

Aber was ist mit denen, die weiterleben? Mit denen, die versuchen, die Scherben aufzuheben? Während ich so dastand neben meinem ältesten Sohn, die Tränen zurückdrängend, den Knoten in meinem Hals herunterzuschlucken versuchend, musste ich immer wieder an zwei Familien denken, die nie wieder dieselben sein würden. Zwei Mütter und Väter, Auge in Auge mit dem Riesen des Leides. Ich konnte ein Porträt der kommenden Tage malen: Unbeschreibliche Sorge, Enttäuschung, schlaflose Nächte, endlose Erinnerungen, lähmende Angst, jenes unerträgliche Gefühl des Verlustes, das betäubende Gemisch von Zorn, Hilflosigkeit, Verweigerung und Verwirrung.

Lassen Sie uns hier innehalten und so tun als ob.

Lassen Sie uns so tun, als seien Sie der Nachbar. Eine jener zwei leidtragenden Familien wohnt neben Ihnen. An einem gewöhnlichen Donnerstagnachmittag klingelt Ihr Telefon … oder es klopft an der Tür. Die Nachricht, die Sie hören, betäubt Sie. Sie schwanken plötzlich, und Sie meinen, Sie seien im Traum (»Alptraum« mag das bessere Wort sein). Das Leben kommt zum Stillstand. Der Donnerstag erscheint so seltsam feierlich, beinahe unheimlich.

Das Leid eines sehr Nahestehenden wird so real, dass Sie es schmecken können. Der Schmerz sticht tief, und vielleicht ist Ihr erster Gedanke: »Mir bricht das Herz …!« Ihr zweiter Gedanke ist: »Was kann ich tun, um zu helfen? Was wäre der beste Ausdruck von Liebe, Mitleid und Mitgefühl?«

Plötzlich wissen Sie nicht mehr weiter. Es gibt keine Regeln, die man befolgen kann – kein Nachschlagewerk, wie man Barmherzigkeit zeigt. Sie klopfen eilig die Bibel ab und finden keinen Abschnitt mit der Überschrift: »Wie man Mitgefühl zeigt.« Nein, mein Freund, die Leidtragenden zu trösten, das kann nicht gesteuert und systematisiert werden. Programmierte Gemütsbewegungen mit den Leidtragenden durchzugehen, das würde zum kalten Geschäft entarten. Doch – was können Sie tun? Was sollten Sie tun … oder nicht tun? Was könnte gesagt werden, was in dieser Situation geschätzt und angemessen wäre?

Seien Sie echt!

Welche Reaktionen solch eine Nachricht auch in Ihnen auslöst – geben Sie Ihre aufrichtigen Gefühle

Ihren Freunden gegenüber zu. Wenn die Nachricht Sie geradezu betäubt, sagen Sie es. Wenn Sie plötzlich die Tränen kommen fühlen, weinen Sie. Wenn Sie überwältigt sind von Mitleid und Mitgefühl, geben Sie es zu. Sie mögen Christ sein mit einer festen Hoffnung für ein Leben danach, aber Sie sind auch Mensch. Verbergen Sie das nicht. Es mag sein, dass sich durch diese Pforte ein Weg der Freundschaft entwickelt.

Seien Sie still!

Ihre Gegenwart, nicht Ihre Worte, werden am meisten geschätzt sein. Der dicke Mantel des Leids ist über Ihren Freund gefallen und bringt dunkle, unerklärbare Sorge. Eine Unmenge von Worten und Belehrungsversuchen wird dem Leidtragenden nur einen unempfindsamen Sinn offenbaren. Die Joe Baylys verloren in einem Zeitraum von wenigen Jahren drei ihrer Kinder. In seinem Buch »The View from a Hearse« (Der Blick von einem Leichenwagen) teilt er die aufrichtigen Gefühle mit, als eins seiner Kinder starb:

»Ich saß da, vom Leid zerrissen. Jemand kam und sprach zu mir von der Handlungsweise Gottes, davon, warum das passierte, von der Hoffnung nach dem Grabe. Er sprach ununterbrochen. Er sagte Dinge, von denen ich wusste, dass sie wahr waren.

Ich war unbewegt, außer, dass ich wünschte, er würde gehen. Endlich tat er es.

Ein anderer kam und setzte sich neben mich. Er sprach nicht. Er stellte keine Suggestivfragen. Er saß nur neben mir, eine Stunde oder mehr, hörte zu, wenn ich etwas sagte, antwortete kurz, betete einfach, ging.

Ich war bewegt. Ich war getröstet. Ich hasste es, ihn gehen sehen zu müssen.«

Seien Sie eine Stütze!

Die, die trösten, müssen ein zartes, verständnisvolles Herz haben. Sie kommen nicht, um Verse zu zitieren oder einen Stapel Literatur zu hinterlassen. Sie kommen ganz einfach, um zu sagen, dass sie sich kümmern wollen. Sie versuchen nicht, den Schmerz von heute durch das Betonen der Hoffnung auf morgen auszuradieren. Sie verpflichten sich, eine Stütze zu sein, den Leidtragenden zu verstehen. Es gibt nur weniges, was verwundete Seelen mehr heilt als der Balsam einer stützenden Umarmung.

Ein kleines Mädchen verlor einen Spielkameraden durch den Tod und berichtete ihrer Familie eines Tages, sie sei gegangen, um die traurige Mutter zu trösten. »Was hast du gesagt?«, fragte ihr Vater. »Nichts«, erwiderte sie. »Ich bin nur auf ihren Schoß geklettert und habe mit ihr geweint.« So ist man eine Stütze.

Stehen Sie zur Verfügung!

Jeder kommt am ersten oder zweiten Tag. Aber was ist einen Monat später? Nach den Blumen? Oder fünf Monate später? Nachdem das erste Gras auf dem Grab gewachsen ist? Das Leben läuft einfach weiter wie der trübe Mississippi. Unglücklicherweise auch die Erinnerungen an den kleinen Kerl, dessen Platz am Abendbrottisch leer bleibt. Wenn jemals die tröstende Hand eines Freundes nötig ist, dann ist es dann – wenn andere Kinder schwimmen gehen und Süßigkeiten verputzen und Fahrrad fahren. Verpflichten Sie sich, später genauso zu trösten wie jetzt. Entsprechende Vorschläge, die Spanne des Leides zu brechen (C. S. Lewis schrieb von der »Trägheit des Leides«), werden sie neu beginnen lassen.

So wie Jesus bei den Schwestern des Lazarus im Schmelztiegel des Leides, seien Sie echt (er weinte), seien Sie still (er nahm ihre bösen Tadel hin), seien Sie eine Stütze (er war tief bewegt), stehen Sie zur Verfügung (er blieb ihnen zur Seite). Keine großen Ansprachen, keine Traktate, keine Versuche, Missverständnisse zu korrigieren, nicht einmal ein Stirnrunzeln, das Missbilligung vermuten lässt. Diesen Riesen zu beseitigen, kostet Zeit! Unser Herr glaubte – wie wir es tun sollten – dass wir vom Leid nur geheilt werden, wenn wir es voll zum Ausdruck bringen. Vielleicht erklärt dies, warum so viele Leid tragen und warum so wenige trösten.

Schmerz

Sie nannten ihn »Old Hickory« wegen seiner Zähigkeit und seines Mumms. Seine Mutter wählte den Namen »Andrew« am 15. März 1767, als sie diesen unabhängig gesinnten Rebellen South Carolinas gebar. Wild, quicklebendig und an der Schule desinteressiert, antwortete Andrew im Alter von 13 Jahren auf den Ruf nach Soldaten, um der britischen Invasion zu widerstehen. Kurz danach wurde er gefangengenommen. Weil er es ablehnte, das Boot eines feindlichen Offiziers zu reinigen, wurde er mit einem Säbel niedergeschlagen – Andrews erste Bekanntschaft mit einem hässlichen Riesen, bekannt als Schmerz.

Obwohl er die Merkmale des Schlages für den Rest seines Lebens trug, schwand Andrews feurige Leidenschaft nie. Ein Kämpfer bis ins Innerste, entschied er sich dazu, Auseinandersetzungen in Duellen auszutragen, und den größten Teil seines Lebens verbrachte er mit zwei Kugeln in seinem Körper. Nachdem er sich an der Front ausgezeichnet hatte, wurde sein Name ein Synonym für Tapferkeit und finstere Beharrlichkeit. Als die Politik auf ihn stieß, akzeptierte »Old Hickory« die Herausforderung: erst der Senat, dann die Nominierung zum Präsidenten. Der Schatten des Schmerzes erschien wiederum in einer anderen Form, als er das Rennen gegen John Adams knapp verlor.

Vier Jahre später allerdings ging er wieder ins Rennen – und gewann! Aber Schmerz begleitete den Sieg. Zwei Monate bevor er sein Amt übernahm, verlor er seine geliebte Frau Rachel. Leidverstrickt drängte der Präsident weiter. Und als er als der siebte Präsident der USA vereidigt wurde, bekämpfte er sogar die Qual eines rasenden Fiebers, verursacht durch einen Abzess in der Lunge.

Einige Zeit später musste eine der Kugeln in seinem Körper operativ entfernt werden. Er hielt diese Operation aus – ohne Narkose – in seiner typisch mutigen Art. Selbst seine politische Karriere war schmerzvoll. Ein ekliger Skandal spaltete sein Kabinett. Kritiker krallten sich an ihn wie hungrige Löwen, bis er schließlich zurücktrat. Er war allerdings einer der wenigen Männer, die ihr Amt populärer verließen als sie es antraten.

»Diesmal verfinsterte sich die aufgehende Sonne durch die niedergehende«, schrieb eine zeitgenössische Sage. Und es war der Schmerz, mehr als jeder andere Faktor, der die Qualitäten der Größe aus Andrew Jackson herauszog.

Schmerz demütigt den Stolzen. Er macht den Widerspenstigen weich. Er bringt den Harten zum Schmelzen. Still und unbarmherzig gewinnt er den Kampf in der einsamen Seele. Das Herz allein kennt seine Macht, und keine andere Person kann voll daran teilnehmen. Der Schmerz arbeitet allein, er braucht keine Mithilfe. Er teilt seine Botschaft selbst mit, ob dem Staatsmann oder dem Diener, dem Verkündiger oder Ungläubigen, Mutter oder Kind. Er bleibt und verweigert es, ignoriert zu werden. Er verletzt und bringt seine Opfer in unergründliche Tiefen der Qual. Und genau an diesem quälenden Punkt passiert es, dass der Betroffene sich entweder fügt und lernt – und dabei Reife und Charakter entwikkelt; oder dass er sich widersetzt und verbittert wird, überschwemmt von Selbstmitleid.

Ich habe es ausprobiert, und ich kann weder in der Schrift noch in der Geschichte eine Persönlichkeit mit einem starken Willen finden, die Gott großartig gebraucht hat, bevor sie vom Schmerz gepeinigt wurde.

Es war genau solch eine Person, die diese Worte für alle geschrieben hat:

Gäste
Der Schmerz klopfte an meine Tür und sagte,
dass er gekommen sei, um zu bleiben,
und obwohl ich ihn nicht willkommen
heißen wollte,
sondern ihm zu gehen befahl,
trat er ein.
Wie mein eigener Schatten,
so verfolgte er mich,
und von seinem stechenden,
peinigenden Schwert war ich
keinen Augenblick befreit.
Und dann klopfte eines Tages ein anderer Gast
äußerst freundlich an meine Tür.
Ich schrie: »Nein, der Schmerz wohnt hier,
da ist kein Platz für mehr.«
Aber dann hörte ich Seine zarte Stimme sagen:

»Ich bin's, fürchte dich nicht!«
Und dann, genau von dem Tag an,
als er eintrat,
war es ganz anders bei mir!

nach Martha Snell Nicholson

Zaudern

Erlauben Sie mir, einen professionellen Dieb vorzustellen. Viele Gelegenheiten, bei denen Sie diesen kleinen, aalglatten Kerl nie aus der Menge herausgepickt hätten, haben über Jahre hin dazu geführt, ihn zu einem furchtbaren Riesen wachsen zu lassen. Schnell wie ein Laser und leise wie ein Strahl des Mondes, kann er jedes Schloss Ihres Heimes oder Ihres Büros öffnen. Einmal drinnen, werden seine gewinnsüchtigen Wege Ihre ganze Aufmerksamkeit beschlagnahmen. Sie werden ihn behandeln wie Ihren nächsten Freund. Aber passen Sie auf. Er wird Sie berauben, ohne einen bloßen Schimmer von Gewissensbissen.

Als ein Meister cleverer Logik, der er ist, wird der Bandit die Fakten genau so neu ordnen, wie er gerade Ihre Sympathien gewinnt. Wenn andere seine Wesensart in Frage stellen, werden Sie sich dabei ertappen, wie Sie ihm nicht nur Glauben schenken, sondern ihm sogar nachplappern und ihn verteidigen. Zu spät werden Sie seine Schliche durchschauen und ihm ungern den Ruf geben, er sei der schlauste von allen Dieben.

Einige kommen überhaupt nicht zu dieser Erkenntnis. Sie schlendern bis zu ihrem Grab Arm in Arm mit dem eigentlichen Räuber, der ihnen ihr Leben gestohlen hat.

Sein Name? Zaudern! Seine Spezialität: Zeit stehlen, und auch Anreiz. Wie die sprichwörtliche Ratte – sie macht sich fort mit unbezahlbaren Werten, statt dessen billigen Ersatz hinterlassend: Entschuldigungen, Vereinfachungen, Ausreden, leere Versprechen, Verlegenheit und Schuld. Wie die meisten Kinnhaken, trifft er Sie, wenn Sie schwach sind – in dem Augenblick, wenn Sie von Ihrer Verteidigung entspannen.

Sie wachen auf an einem Samstagmorgen. Es war eine biestige Woche. Eindringliche Stimmen der Ablehnung von Aufgaben bilden das Echo in Ihrem Kopf und bitten um Beachtung. Plötzlich erscheint Ihr Mitkünstler und fängt an, mit Ihnen zu verhandeln. Bei Sonnenuntergang ist er weg … und so ist Ihr Tag … und so Ihre Hoffnung.

Sie treten auf die Badezimmerwaage und blinzeln ungläubig. Die Skala sagt Ihnen die Wahrheit – aber der Dieb bietet eine andere Interpretation an: Ihre Motivation stehlend, flüstert er das magische Wort – morgen –, und Sie greifen nach mehr als nur einem Brötchen, um Ihre Philosophie zu bekräftigen: »Tue niemals das heute, was du bis morgen aufschieben kannst.« Sie sehen sich an diesem Nachmittag einer kritischen Entscheidung gegenübergestellt. Sie ist seit zwei Wochen fällig. Sie haben sie ignoriert, sind ihr ausgewichen, haben sie verschoben – aber so geht es nicht weiter. Heute ist »der« Tag. Sie haben sich das selbst gesagt. Dreißig Minuten vor dem Termin bietet der Dieb ein perfektes Alibi an, und Ihre Entscheidung kommt zurück ins Fach, um noch einen Tag größer zu werden.

Kein Pfeifenspieler wurde besser bezahlt. Kein Lügner wurde mehr respektiert. Kein Bandit besser belohnt. Kein Riese besser behandelt.

Man sagt von ihm, er komme jedesmal als Gewinner davon, obwohl er ein hartgesottener Geächteter ist.

Er kann jedem Schüler seine Hausaufgaben ausreden, wenn es soweit ist. Er kann jedem Vorstandsmitglied die Korrespondenz »aus dem Kopf denken«, wenn es dazu kommt. Er kann jede Hausfrau das Staubsaugen und Geschirrspülen verschieben lassen, wenn es soweit ist. Er kann jedem Geschäftsmann einen Verkauf ausreden, bevor es dazu kommt. Er treibt seine ganze Energie auf das eine Ziel hin: Vereitelung.

Durch die gekonnte Art der Suggestion erreicht er das, was er zerstört: den Erfolg.

Es lebte einmal ein Politiker mit Namen Felix. Er war ein Gouverneur im ersten Jahrhundert. Vor ihm stand ein Gefangener mit Namen Paulus. Bei zwei verschiedenen Gelegenheiten hörte Felix der Geschichte des Paulus zu, wie dieser ihm mit einfachen, klaren Formulierungen den Glauben an Jesus Christus vor Augen malte. Felix hörte jedes Wort, doch er ließ die Botschaft vorüberziehen mit ähnlichen Bemerkungen:

»... Wenn Lysias, der Oberste, herabkommt, so will ich eure Sache entscheiden.« (Apostelgeschichte 24,22)

»... Für jetzt geh hin! Wenn ich aber gelegene Zeit habe, werde ich dich rufen lassen.« (Apostelgeschichte 24,25)

Der Gouverneur hörte den Paulus, aber lauschte zugleich dem Dieb. Er tat den entscheidenden Augenblick seines Lebens absichtlich ab – eine Entscheidung, die er nie vergessen wird. Niemals! Warum? Weil er auf den falschen Ratschlag hörte. Es war nur ein kleiner Hinweis. Es war keine dreiste Lüge, wie: »Es gibt keinen Himmel«, oder: »Es gibt keine Hölle.« Es war ganz einfach: »Es gibt keine Eile.« Damit gewann der schreckliche Dieb einen neuen Sieg der Vereitelung.

»Wie kann *ich* gewinnen?«, fragen Sie. Was ist das Geheimnis, die Formel, diesen Einschüchterungsgespinsten des Diebes zu entkommen? Wie kann ich den Riesen aufhalten, am Eintreten hindern?

Es ist wirklich sehr einfach … so einfach, dass Sie es nicht glauben werden. Alles, was es erfordert, ist ein Wort, vielleicht das einfachste Wort, das man in unserer Sprache von sich geben kann. Richtig gebraucht, trägt die einzelne Silbe mehr Gewicht als eine Tonne guter Absichten. Der Dieb kann den Klang dieses Wortes nicht ertragen. Es bringt ihn dazu, frustriert zu fliehen. Wenn Sie es oft genug gebrauchen, wird er müde werden vom Zuhören – und damit beginnen, Sie allein zu lassen.

Neugierig? Ich will mit Ihnen handeln. Ich werde Ihnen das Wort nur sagen, wenn Sie versprechen, es das nächste Mal zu gebrauchen, wenn Sie versucht sind, dem schnellsprechenden Zeitveruntreuer zuzuhören. Allerdings, ich warne Sie! Es mag einfach zu sagen sein – aber es wird Ihre ganze Disziplin erfordern, die Sie aufbringen können, es auch so zu meinen. Zur Verwirklichung wird es in der Tat die Kraft Gottes selbst erfordern.

Das Wort ist »nein«!

Gerüchte

Abraham Lincolns Sarg wurde zweimal aufgebrochen. Das erste Mal war es 1887, zweiundzwanzig Jahre nach seinem Meuchelmord. Warum? Wie werden überrascht sein, es war nicht, um herauszufinden, ob er durch die Kugel von John Wilkes Booth gestorben war. Warum dann? Weil ein Gerücht über das Land hinwegfegte, dass sein Sarg leer sei. Eine ausgewählte Gruppe von Zeugen ermittelte, dass das Gerücht absolut falsch sei, und beobachtete dann, wie der Sarg mit Blei wieder versiegelt wurde.

Ein zweites Mal, vierzehn Jahre später, wurde der verwelkte Körper des Märtyrers noch einmal betrachtet – diesmal von noch mehr Zeugen. Warum noch einmal? Aus demselben schrecklichen Anlass! Gerüchte derselben Art hatten noch einmal Zweifel in die Köpfe der Öffentlichkeit gesät. Der Druck wuchs in solchem Maße an, dass die gleiche unmögliche, groteske Zeremonie noch einmal ausgetragen werden musste. Trotz der starken Proteste von Lincolns Sohn Robert wurde das Skelett ein zweites Mal zur Schau gestellt. Die Verantwortlichen meinten, dass die Gerüchte über den Präsidenten nun endgültig beiseite gelegt werden sollten. Schließlich wurde der Leichnam sicher in eine Krypta in Springfield gebettet.

»Wie unfair!«, sagen Sie. »Grausam« ist das bessere Wort. Aber, Sie sehen, Gerüchte sind so. Information, ungenau verbreitet und authentischer Fakten und direkter Quellen entbehrend, schafft Unruhe und Schmerz. Vorschub wird geleistet von den Übereifrigen, die für den kranken Appetit verhätschelter Leute sorgen. Diejenigen, welche die Gerüchte nähren, sind kleine, misstrauische Lichter. Sie finden Befriedigung, indem sie auf spärlich beleuchteten Wegen herumgeistern und kleine Bomben fallenlassen, die in den Köpfen anderer explodieren, wenn sie durch den Zündstoff der Andeutung entfacht werden. Sie finden ein Labsal darin, nur ein »unschuldiger« Kanal unsicherer Information zu sein, niemals aber die wahre Quelle. Das allgegenwärtige: »Sie sagen« oder: »Hast du schon gehört?« oder: »Ich hab's von anderen so verstanden«, öffnet dem selbstgerechten Gerüchtehausierer eine geschickte Hintertür.

»Hast du gehört, dass die Gemeinde X im Begriff steht, sich zu spalten?«

»Ich höre, dass Ferdinand und Irene sich scheiden lassen ... man munkelt so, sie waren nicht treu.«

»Ich habe gehört, seine Eltern hätten eine Menge Geld.«

»Hast du gehört, dass man Pastor Schmidt nahegelegt hat, seine Gemeinde zu verlassen?«

»Mir kam zu Ohren, dass ihr Sohn Drogen nimmt ... er ist beim Ladendiebstahl erwischt worden.«

»Jemand hat gesagt, sie *mussten* heiraten.«

»Man sagt, er sei ein starker Trinker.«

»Ich hörte, sie sei ein Flittchen ... pass auf sie auf.«

In »König Heinrich IV.« von Shakespeare heißt es:

Gerücht ist eine Pfeife,
die Argwohn, Eifersucht, Vermutung bläst,
und von so leichtem Griffe,
dass sogar das Ungeheuer mit zahllosen Köpfen,
die immer streit'ge wandelbare Menge,
drauf spielen kann. 2. Teil, Prolog

Und wie gekonnt spielen auch Christen auf diesem Instrument! Die bitteren Melodien durchziehen viele Telefongespräche … oder Tischgespräche … oder die Zeit der »Gemeinschaft« nach der Kirche (was für ein Name!) … oder einen gemütlichen Abend mit Freunden.

Das Gerücht ist ein gewaltiger Riese, imstande, noch mehr Särge zu öffnen, weitere geheime Skelette bloßzulegen und mehr erstickenden, skandalösen Staub aufzuwirbeln, als es jedes andere Werkzeug auf Erden tun kann.

Dies im Blick, biete ich vier Vorschläge an, die Gerüchtehändler zum Schweigen zu bringen:

1. Identifizieren Sie die Quellen *mit Namen.* Wenn sich jemand dazu veranlasst fühlt, eine Information mitzuteilen, die zerstörend ist oder schmerzhaft, fordern Sie, dass die Quelle besonders genannt wird.

2. Stützen Sie den Beweis *mit Fakten.* Akzeptieren Sie nicht das Hörensagen. Verweigern Sie das Zuhören, es sei denn, es wird ehrlich – gute Wahrheit gesprochen. Gerüchte verblassen, wenn sie ans Licht gebracht werden.

3. Fragen Sie die Person: »Darf ich Sie zitieren?« Es ist bemerkenswert, wie schnell dann Klatschbasen vier verschiedene Rots wechseln können. Genau so bemerkenswert ist die Geschwindigkeit, mit der sie abdrehen können.

4. Offen zugeben: »Ich mag das nicht hören.« Dieser Versuch ist für die Starken. Er mag einen Keil zwischen Sie und den Schuldigen treiben, aber es ist ein sicherer Weg, der Müllentleerung vor Ihren Ohren Einhalt zu gebieten.

Auf einem windigen Hügel eines englischen Friedhofs steht ein eintönig grauer Grabstein aus Schiefer. Kahl und anspruchslos, leicht zu einer Seite gebeugt, glatt und dünn gehämmert vom Sturm der Zeit. Der seltsame Stein trägt eine Inschrift – sie ist nicht so einfach zu erkennen, es sei denn, man bückt sich und schaut nah hin:

Unter diesem Stein und einem Klumpen Erde liegt die junge Arabella, die am vierundzwanzigsten Mai anfing, ihren Mund zu halten.

Die Zunge! Gerüchtehändler wären ganz schön unter Druck, ihrer Nebenbeschäftigung ohne sie nachzukommen. Aber was für ein Kontrast beim genauen Betrachten! Für den Arzt ist sie nur eine 50-Gramm-Scheibe schleimiger Membran, die einen Muskel- und Nervenbereich enthält – ein kleines Organ, das es unserem Körper möglich macht zu kauen, zu schmecken und zu schlucken. Wie hilfreich!

Gleichermaßen bezeichnend, sie ist das Hauptorgan der Kommunikation, das uns dazu in die Lage versetzt, bestimmte Töne zu artikulieren, so dass wir einander verstehen können. Wie wesentlich!

Ohne die Zunge könnte keine Mutter ihr Kind in den Schlaf singen. Kein Botschafter könnte seine Nation angemessen repräsentieren. Kein Lehrer könnte den Geist seiner Schüler erweitern. Kein Offizier könnte seine Truppe führen. Kein Anwalt könnte vor Gericht die Wahrheit verteidigen. Kein Seelsorger könnte verschreckte Seelen trösten. Kein kompliziertes, kontroverses Thema könnte je diskutiert und kein Problem gelöst werden. Unsere gesamte Welt würde auf ein unverständliches Grunzen und Achselzucken beschränkt sein. Selten halten wir an, um zu entdecken, wie wertvoll dieser Muskel in unserem Mund wirklich ist.

Aber die Zunge ist genauso flatterhaft, wie sie vital ist. Es war Washington Irving, der zuerst sagte: »Eine scharfe Zunge ist das einzige Schneidewerkzeug, das bei ständigem Gebrauch schärfer wird.« Es war Jakobus, der Halbbruder Jesu, der als erster warnte:

»Auch die Zunge ist ein Feuer … das unstete Übel, voll tödlichen Giftes …« (Jakobus 3,6.8)

Verbales Gift. Ein tödliches, unbarmherziges, flammendes Wurfgeschoss, das mit tötender Kraft angreift, das nach Belieben brennt und zerstört. Ein Riese, in der Tat!

Und doch, er sieht nicht immer aus wie ein brutales Biest. Er kann sich entweder zu einem heiteren Pfeifen verwandeln oder zu einem faulen Nachmittagsgähnen. Ohne Schwierigkeit kann er zwischen zwei Backenzähnen ein Popcorn von der Hülse lösen, oder ein Thermometer nur so festhalten. Und er ist trickreich! Er kann Ihnen dabei helfen, den Geschmack eines Pfefferminzstengels zu genießen. Er kann behaglich nach einer Mahlzeit schmatzen. Augenblicke später kann er den Weisungen eines Trompetenspielers folgen und ihm gestatten, einen Marsch ohne einen falschen Ton zu blasen.

Aber passen Sie auf! Lassen Sie Ihren Daumen mit dem Hammer plattklopfen, oder Ihren Zeh unter einen Stuhl geraten, und dieses schlüpfrige Geschöpf in Ihrem Mund wird plötzlich die schnippische Seite seiner Natur zeigen.

Die Zunge ist nicht nur ungezähmt, sie ist unbezähmbar!

Was bedeutet das? Das bedeutet, dass sie, solange Sie leben, nie die Beherrschung über sich selbst gewinnen wird. Sie fordert es heraus, gezähmt zu werden. Unglaublich! Wir können Flipper, Fury und Lassie zähmen. Wir können Falken trainieren, auf unseren Handgelenken zu landen; Tauben, unsere Botschaften hinauszutragen; Hunde, die Zeitung zu holen; Elefanten, auf rollenden Bällen zu stehen; Tiger, auf Hockern zu sitzen; und Alligatoren, sich umzudrehen und ihren Bauch zu reiben. Aber die Zunge? Unmöglich, sie zu trainieren! Viele Männer vor mir haben Rat angeboten, wie wir unsere Zunge kontrolliert und eingesperrt halten können. Einer schrieb einmal:

Wenn du deine Lippen vor dem Ausgleiten bewahren willst, beachte fünf Dinge mit Sorgfalt: mit wem du sprichst, von wem du sprichst; und wie, wann, und wo.

Publius aus der griechischen Sage legte seinen Finger auf eine andere Technik, die wir zu vergessen neigen, wenn er zugibt:

Ich habe oft mein Reden bedauert, nie mein Schweigen. König David tut es sogar noch handfester in Psalm 39:

»Ich will auf meine Wege achthaben, dass ich nicht sündige mit meiner Zunge; ich will meinem Mund im Zaum halten.« (Vers 2)

Das ist dringend erforderlich – einen festen, bewussten Zaum für den Muskel in Ihrem Mund. Solch einen nicht zu fassenden Riesen zu bändigen, das erfordert einen klaren Kopf. Mit der Hilfe Ihres Herrn, nehmen Sie diese ersten drei Stufen:

Denken Sie zuerst.

Bevor Ihre Lippen sich zu bewegen beginnen, machen Sie zehn Sekunden Pause und gehen Sie Ihre Worte im Geiste durch. Sind sie akkurat oder übertrieben? Liebevoll oder schneidend? Notwendig oder unnütz? Heilsam oder gemein? Dankbar oder klagend?

Reden Sie wenig.

Ihre Chancen zu übertreiben sind proportional zu der Menge an Zeit, die Sie mit offenem Mund zubringen. Versuchen Sie, ihn für eine Weile zu schließen. Dauerredner haben es schwer, Freunde zu finden. Sie sind verärgert? Dann konservieren Sie Ihre verbale Energie! Machen Sie Ihre Worte zu guter Shampoo-Reklame: Konzentriert und schuppenfrei.

Beginnen Sie heute.

Legen Sie den Zaum jetzt an Ihren Mund. Es ist etwas, was Sie lange genug hinausgeschoben haben. Arabella Young wartete zu lange.

Von Dornen geplagt

Das ist nur die eine Seite, mit jenen finsteren klotzigen Riesen im Leben die Säbel zu kreuzen. Und es ist etwas völlig anderes, am Abhang in einen Dornenbusch zu stolpern. Manchmal kann ein Stäubchen im Auge, ein Splitter im Finger oder ein Stein im Schuh genau so quälend sein wie ein Riese auf dem Hügel. Manchmal noch mehr.

Anstatt nun in die Dunkelheit hineinzupfeifen und sich vorzumachen, sie seien nicht da, lassen Sie uns ein wenig Licht auf jene Dornen werfen, die unsere Hoffnung hindern. Es ist Zeit, die Disteln zurückzuschneiden und Platz zu schaffen, zu stehen … zu gehen … frei herumzulaufen.

Der Stachel der Dornen

Geben Sie den Fachtheologen genügend Zeit, und sie werden es hinkriegen, die meisten Abschnitte der Bibel durcheinanderzubringen. Weil wir Verkündiger berüchtigt sind, dazu zu neigen, uns an griechische Zeitformen und verschachtelte Nebensätze und theologische Nebensächlichkeiten zu halten, scheuen wir uns oft vor solchen Abschnitten, die nicht fachgerecht, sondern einfach schlicht sind.

Wie die Gleichnisse, um spezifisch zu sein. Wie Markus 4, um exakt zu sein. Dieses bestimmte Gleichnis ist nicht nur schlicht und rechtschaffen, es ist uns sogar von Jesus interpretiert – von dem einen, der sich die Geschichte als erster ausgedacht hat. Und weil es etwas zu tun hat mit einem Landwirtstyp, der Samen auf verschiedene Bodenarten streut, scheint es keine sophistischen Bestandteile zu haben, die man zu homiletischem Mischmasch braucht. Somit ist nicht viel zu sagen über die Geschichte eines Landwirts, der hier und da kleine Samenkörner aufs Geratewohl fallen lässt – oder doch? Auf den ersten Blick mag es so sein, aber nach einigen Gedankengängen bin ich überzeugt, hier ist mehr, als jeder von uns geträumt hat! Und nachdem der Sohn Gottes die wesentliche Bedeutung erklärt, kann die Geschichte nicht verdreht werden, noch so gepresst, dass sie der Vorliebe einiger augenlustiger Kanzelbrüder für drei Punkte und einen Reim passt.

Es ist eine tiefgründige Geschichte über das Leben – das wirkliche Leben – Ihr Leben und auch das meine. Sie schraubt das Leben herunter auf vier grundlegende Antworten, welche die Menschen auf geistliche Dinge haben. Die »Saat« ist nach der Interpretation des Erzählers das Wort – Gottes Wort, die Wahrheit der Bibel. Die vier unterschiedlichen Arten des Bodens repräsentieren Menschen jeden Alters, Interesses und jeder Herkunft, die auf die Worte des Herrn verschiedenartig reagieren.

Einige hören demnach sofort abweisend – sie schalten gleich ab. Andere hören, scheinen es zu genießen und reagieren sogar – oberflächlich gesehen – gut, aber sie wenden sich schnell ab, wenn die Seifenblase platzt und es etwas beschwerlich vorangeht. Noch andere halten es fest und ergreifen buchstäblich, was sie hören, aber nach und nach geraten sie auf Abwege, so dass ihr Wachstum von den »Dornen« des Lebens erdrosselt wird. Dann – wie immer – sind da solche, die hören, glauben, wachsen, daran bleiben und nicht lange danach gesunde Pflanzen in Gottes Weinberg werden.

Es ist offensichtlich, dass mit den ersten beiden Gruppen solche symbolisiert werden, die nicht wiedergeboren sind. Sie sind ohne Wurzeln, ohne Leben und ohne Frucht. Es ist offensichtlich, dass die letzte Gruppe Wiedergeborene darstellt: Sie sind ergeben, aktiv und produktiv. Aber offen gestanden, ich quäle mich mit der dritten Gruppe. Sie sind Christen, denn sie wachsen und sind nahe daran, Frucht zu tragen, aber ihr Wachstum verzögert sich. Die

Dornen, die bei ihnen gewachsen sind, ersticken das normale, gesunde Wachstum.

Es ist interessant, dass die Dornen bereits zu der Zeit da waren, als die Saat kam, und dass die Dornen nie vollkommen aus dem Bild verschwunden waren, als die Saat anfing, Wurzeln zu schlagen (Markus 4,7).

Was nun stellen die Dornen dar? Wieder haben wir Jesu eigene Worte, die Frage zu beantworten, sie stellen die *»Sorgen des Lebens«* dar, den *»Betrug des Reichtums«* und die *»Begierden nach den übrigen Dingen«* (4,19). Wenn diese Dornen eintreten, verschwinden das geistliche Wachstum und der Ertrag zur Hintertür hinaus. Unser Herr sagt nicht, dass sie Schwierigkeiten verursachen können, noch deutet er an, sie seien dafür bekannt, uns zu hindern. Er sagt, sie *»kommen hinein und ersticken das Wort, und es bringt keine Frucht«* (V. 19).

Punkt! Keine »Wenns«, »Unds« oder »Falls«. Die Dornen sind Diktatoren. Sie wissen nichts von friedlicher Koexistenz mit dem Leben, der Freiheit und dem Sieg. Das frontal angreifende Charakteristikum der Kriegsführung des Riesen vermeidend, stellen die Dornen eine feinere Strategie auf. Unter einer Ritze hereinkriechend, dringen die Fangarme so langsam, so still ein, dass das Opfer nur schwerlich entdecken kann, wie es verstrickt wird. Zuerst fordernd, saugen sie dann jedes Gramm geistlichen Interesses und emotionaler Energie auf.

Sind Sie ein Dauersorgler? Hat die D-Mark Sie im Griff? Finden Sie es beinahe unmöglich, mit Ihrer gegenwärtigen Situation zufrieden zu sein? Ist es so, dann sind diese Worte nichts Neues für Sie … Sie stecken in diesen Dornen seit Ihr Boden Gottes Samen aufnahm … und als die Wahrheit bekannt wurde, genossen Sie innerlich doch ihre »stachelige« Gegenwart. Somit sind sie zu kraftlos, um Ihr ganzes Leben Gott im Glauben hinzugeben. Sie haben vielmehr Sorge, Einengung und Klage – als Ruhe, Befreiung und Freude. Dornen injizieren eine starke Narkose.

Warum leben so viele Christen unter Dornen? Weil wir eine stille, verborgene, geheime Liebe für sie haben. Ich weiß das. Ich habe hässliche Narben dabei bekommen. Jede ist eine stumme Erinnerung an Jahre im Dickicht. Und von Zeit zu Zeit muss ich immer noch etliche herausreißen.

Ich habe so etwas nie gehört, aber ich würde diesen Tag gern zum Tag des Dornen-Ausreißens erklären. Wir mögen bluten und es mag weh tun … aber, oh, die Schönheit eines dornenfreien Tages!

Lassen Sie uns einen Blick auf die Dornen tun. Sorgfältiges Bezeichnen dieser gefährlichen Triebe ist der erste Schritt, sie aus unserem Garten zu entfernen.

Vergleiche

Darf ich einen gut bekannten Satz aus dem Spinngewebe des 14. Jahrhunderts auswählen und den Staub darauf wegwischen, um Ihre Aufmerksamkeit zu gewinnen?

Vergleiche sind abscheulich!

Abscheulich … ekelhaft, widerlich. Wenn Sie ein miserabler Sterblicher sein möchten, dann lassen Sie die Dornen des Vergleichens wild wachsen. Sie vergleichen, wenn Sie jemanden neben einen anderen stellen, um die Unterschiede zu betonen oder Ihre Gleichheit zu zeigen. Das gilt sowohl für Orte und Dinge als auch für Menschen. Wir können darin so geübt werden, dass wir unser Vergleichen durch eine unbewusste Macht der Gewohnheit stützen. Unbeabsichtigt gleiten die Räder unseres Denkens hinüber in die Spuren dieser abscheulichen Gedankengänge. Das Vergleichen geschieht nach mindestens zwei Schemata.

Schema Nr. 1: Wir vergleichen uns selbst mit anderen. Sie können sich die Ergebnisse bereits vorstellen. Entweder man ist geneigt, sich selbstzufrieden und stolz zu fühlen wegen der eigenen Stärke, die angesichts der Schwächen der anderen zu überwiegen scheint … oder, häufiger, man beginnt, sich bedroht, klein und niedergeschlagen zu fühlen, weil der Vergleich nicht standhält. Im Bemühen um einen selbstimponierenden Standard, fängt man an, von dem angenehmen Standpunkt des »wahren Ichs«

zu dem sinkenden Sand des »Ich weiß nicht, wer« zu gleiten. Das führt manchmal zu einem extremen Rollenspiel, in dem man jeden Weg versucht, das eigene Bild anzupassen und umzuändern, damit es in den Rahmen irgendeines anderen passt.

Einfacher ausgedrückt, man hat seine wahre Persönlichkeit versetzt für eine Maske. Das ist abscheulich! Paulus schrieb ähnliche Empfindungen an eine Gemeinde, die für ihre einander vergleichenden Gruppen bekannt geworden ist:

»Denn wir wagen nicht, uns gewissen Leuten von denen, die sich selbst empfehlen, beizuzählen oder gleichzustellen, aber da sie sich an sich selbst messen und mit sich selbst vergleichen, sind sie unverständig.« (2. Korinther 10,12)

Gleich der nächste Vers sagt uns:

»Wir aber wollen uns nicht ins Maßlose rühmen, sondern nach dem Maße des Wirkungskreises, wie uns Gott als Maß zugeteilt hat ...«

Nicht das Maß für einen anderen, sondern für Sie persönlich. Es ist Gottes großer Wunsch, dass wir Seinen Plan für *uns* in unserem Leben erfüllen. In Seiner Art – in Seinem Zeitplan.

Schema Nr. 2: Wir vergleichen andere mit anderen. Das ist schlimmer als unfair, es ist dumm. Und oft grausam. Kinder leiden am meisten an wohlmeinenden Erwachsenen, welche die Gaben eines Kindes vor einem anderen Kind mit scheußlicher Mühe begründen. »Sieh dir deine Schwester Ute an. Wenn sie eine ›Eins‹ in Mathe schafft, dann kannst du das auch.« Oder: »Siehst du, wie leicht Harald schwimmen lernt? Warum hast du solche Angst?« Diese Art von Vergleichen ist giftig – sie vergiftet das Selbstvertrauen eines Kindes und erstickt die Motivation, die man eigentlich anzufachen versucht.

Aber Kinder sind nicht die einzigen Opfer. Die Menschen vergleichen Seelsorger und Lehrer, Gemeinden und Dienstanweisungen, Solisten und Chorleiter, persönliches Eigentum und Gebete, Ehefrauen und Mütter, Familien und Freunde, Wohnungen und Autos, Gehälter und Anstellungen, Stipendien und Geschäftseinkommen, Ehemänner und Väter, Gewicht und Sorgen, Luxus und Grenzen, Leid und Vergnügen. Wie abscheulich! Warum nehmen wir nicht Menschen und Orte und Dinge genau so, wie sie sind?

Ist das nicht wahre Reife? Warum akzeptieren wir Unterschiede nicht genauso schnell und begeistert und stellen uns darauf ein, wie Gott unsere Fehler vergibt und hinter unseren Bemühungen steht, es immer und immer wieder zu versuchen? Wenn die Liebe fließt, wächst das Annehmen.

Wissen Sie, was die Routine von gestern in den Hintergrund treten lässt und uns herausfordert, aufzustehen und den Zeitablauf von Stunden und Minuten des heutigen Tages zu bewältigen? Es ist die Vielfalt. Es ist nicht die Gleichheit der Tage, die uns neue Motivation bringt und Begeisterung weckt – es sind die vielfältigen Unterschiede, die unser Verhalten positiv und angenehm machen. Einen Tag wie den anderen zu gestalten und sie miteinander zu vergleichen, um sich dann zu beschweren, weil heute nicht wie gestern war, das wäre reine Torheit und Dummheit. Derselbe Grundsatz trifft für die Menschen zu.

Nun hören Sie sehr gut zu: Gott, unserem weisen Schöpfer, hat es gefallen, jeden anders zu erschaffen und keinen vollkommen. Je eher wir diese Tatsache würdigen und akzeptieren, desto tiefer werden wir einander würdigen und akzeptieren, genau so, wie uns unser Schöpfer plante. Es gibt in der Tat nur eins, was schlimmer wäre als das ständige Vergleichen, und zwar, wenn alle gleich wären – Einheitstypen. Können Sie sich etwas Abscheulicheres vorstellen? Ich nicht.

Dornen zu bekämpfen, das ist ein Versuchs- und Vernichtungsprozess. Manchmal jedenfalls entziehen sich diese Feinde der Identifikation. Sie sind schwer zu etikettieren. Aber ich kann mir mindestens zwei Arten vorstellen, die leicht zu erkennen sind. Und das, weil sie beinahe immer miteinander wachsen. Von den Wurzeln an miteinander verflochten, sind die Triebe praktisch untrennbar. Die eine wird Erwartung genannt; die andere ist die Enttäuschung.

Halten Sie an, und denken Sie einmal darüber nach. Was veranlasst Sie, Enttäuschung zu erleben? Jemand oder etwas hat versagt, Ihre Erwartungen zu erfüllen. Richtig? Sie hatten alles fertig in Ihrem Kopf: die Art und Weise, wie eine bestimmte Situation gemeistert würde, die Art und Weise, wie eine bestimmte Person reagieren sollte. Aber ihre Vorstellungen verwirklichen sich nie. Ihre Erwartung fiel schnell und hart auf die eiskalte Realität. Ihr Wunsch löste sich auf in einen leeren, unerfüllten Traum. Nachdem man ein paar Geschichten der Enttäuschung gehört hat, fangen sie an, schmerzlich ähnlich zu klingen. Wenn ich einige Platten in meiner Erinnerung abspielen lasse, dann höre ich etliche traurige Lieder von verschiedenen Stimmen. Hören Sie einen Augenblick mit mir zu:

»Ich bin nicht glücklich in meiner Arbeit. Als ich den Job bekam, ahnte ich nicht, dass es so sein würde.«

»Die Ehe ist eine Qual geworden. An unserem Hochzeitstag dachte ich, alles würde ganz anders sein. Nichts ist so, wie ich es mir vorgestellt habe.«

»Sie war einmal meine Freundin. Ich reichte ihr die Hand, half ihr, liebte sie und tat alles für sie. Ich dachte, das mindeste, was sie für mich täte, wäre, genauso zu reagieren.«

»Wir hatten sie mehr als einmal zum Essen bei uns, aber sie haben das nie erwidert. Wir haben nicht einmal ein Dankeschön bekommen. Reden wir nicht von der Enttäuschung!«

»Er hat mich etliche Male gefragt. Ich dachte, ich bedeutete ihm mehr als jede andere Verbindung. Ich erwartete wirklich eine tiefgehende Verbindung, aber es passierte nichts. Ich war gekränkt.«

»Die Gruppe war überhaupt nicht so, wie ich erwartet hatte. Ich stellte mir etwas vor und bekam etwas anderes.«

»Wir kamen in diese Gemeinde mit großen Hoffnungen. Weil wir Großes erwarteten, warfen wir uns rückhaltlos ins Programm. Jetzt haben wir bei allem keine Illusionen mehr.«

»Froh über unsere Kinder? Kaum. Du weißt, wir hatten geglaubt, es wäre eine Freude, Kinder zu haben, aber es war eine glatte Bauchlandung. Du kannst dir nicht vorstellen, wie glücklich wir sind, sie das Nest verlassen zu sehen. Sie machen uns wirklich fertig.«

»Gott hat mich in den Dienst gerufen. Später führte er meine Familie und mich in ein Pfarramt. Wir brannten vor Eifer und explodierten vor Hoffnung. Aber nun nach zehn Jahren, ist das Feuer aus. Die Freude ist einfach nicht mehr da. Ich bin frustriert.«

»Ja, wir sind gerade zurück von unserer Reise. Nein, es war nicht so großartig. Nichts, wie wir es uns vorgestellt hatten.«

Erkennen Sie die Melodie? Die kratzigen Töne der Enttäuschung sind tief in der Platte eingegraben. Selbstgemachte Bitterkeit, Empfindlichkeit und Pessimismus tönen aus den Rillen. Sie ist Jahr für Jahr gespielt, und wir haben sie alle gehört oder gesungen.

Es ist Zeit, umzuschalten. Wir haben es nötig, einen aufrichtigen Blick auf diese schmerzhaften Dornen zu werfen, die unsere Sicht verwischt haben und unsere Enttäuschungen wecken.

Erwartungen – wir bauen Vorstellungen in unserem Geist auf, die entweder unrealistisch, unfair oder voreingenommen sind. Diese Phantombilder werden zu unserem inneren Brennpunkt. Sie werden streng und herkömmlich beachtet, keinen Raum zur Flexibilität auf der Seite der anderen Person lassend (keine Möglichkeit für eine Veränderung der Gegebenheiten oder gar für Überraschungen), so betonieren wir die Art und Weise, wie die Dinge gehen müssen. Und wenn sie es nicht so tun, stechen uns die Enttäuschungen.

Das Ergebnis ist tragisch. So wie unser Toleranz-Radius reduziert ist, so ist auch unsere Bereitschaft, die Unvollkommenheit anderer zu akzeptieren, mit einem Kurzschluss versehen, ebenso wie die Verhältnisse, die sich weniger als ideal zeigen. Und, das schlimmste von allem, die herrliche Spontaneität einer Freundschaft ist geplatzt. Die Kette unserer Vorstellungen, mit Verbindungen der Erwartung geschmiedet, bindet uns in den Kerker der Enttäuschung.

Mit allem gebührenden Respekt dem geliebten Lied gegenüber, das wir unser halbes Leben lang gesungen haben, schlage ich dennoch vor, den Titel dahingehend zu verändern: »Gesegnet sei das Band, das uns im Herrn *befreit* …«

Wir brauchen es, dass einer dem anderen Raum zur Ausdehnung gibt – Raum, zu reagieren und zu antworten in einer Vielfalt, wie unser unendlicher Schöpfer eine Vielfalt von Persönlichkeiten geschaffen hat. Das wird ein rasches Verbrennen unserer Liste von Erwartungen erfordern. Für einige von uns könnte es ein Freudenfeuer bedeuten. Es wird auch bedeuten, dass wir damit aufhören, das Ideale zu erwarten, und damit anfangen, mit dem Realen zu leben – das immer mit Versagen durchzogen ist, mit Unvollkommenheit und sogar mit Schuld. So lassen Sie uns, anstatt »einander zu beißen und zu fressen« (nach Galater 5,15), einander stützen in individueller Freiheit, so wie wir einander »in Liebe dienen« (nach Galater 5,13).

Tun Sie einen festen Griff in das Unkraut der Erwartung, und Sie werden Ihre Enttäuschung sogleich mit ausreißen. Zwei Dornen mit einem Zug. Das ist ein Griff!

Pessimismus

Ein Mensch ist das Produkt seiner eigenen Gedanken. Gedanken bestimmen den Thermostaten, der das reguliert, was wir im Leben ausführen. Mein Körper antwortet und reagiert auf das, was mein Geist ihm eingibt. Wenn ich meinen Geist mit Zweifel, Sorge und Mutlosigkeit füttere, dann muss ich mich nicht wundern, wenn ich genau das am Tag erleben werde. Wenn ich meinen Thermostaten nach vorn ausrichte – auf Gedanken, erfüllt mit Ideen, Hoffnung und Sieg – werden diese Gedanken meinen Tag in einer positiven Weise beeinflussen. Sie und ich, wir werden, was wir denken.

Nehmen Sie sich eine Minute Zeit, um Ihre Vorstellungswelt zu trainieren. Nehmen Sie an, Ihr Geist sei eine Fabrik – eine geschäftige, rührige Werkstatt von Handel und Produktion. Das ist nicht weit entfernt von der Wahrheit. Ihr Geist ist eine Gedankenfabrik. Jeden Tag produziert er auf diesem inneren Förderband Tausende, vielleicht Hunderttausende von Gedanken. Die Produktion Ihrer Gedankenfabrik hat zwei Vorarbeiter. Die Namen auf ihren Kappen sind Herr Bodengewinner und Herr Zurückstecker. Herr Bodengewinner hat, wie Sie sich das vorstellen können, die Aufsicht über die Produktion der positiven Gedanken. Wie durch eine Hebelbewegung ausgelöst, rollen gesunde, ermutigende, wieder beruhigte Pläne und positive Ideen das Band hinunter und hinein in den Ausstellungsraum.

Der andere Vorarbeiter, Herr Zurückstecker, hat auch Verantwortung. In einem mehr dunklen, dunstigen Flügel des Geländes stellt Bodengewinners Gegenstück negative, herabsetzende, sorgenvolle Gedanken her. Beide Vorarbeiter sind gut qualifiziert für ihren verantwortungsvollen Dienst. Bodengewinner ist spezialisiert im Produzieren von Begründungen, warum man das Leben triumphierend angehen kann, warum man einfach anpacken kann, was einem über den Weg kommt, warum man mehr ist als ein Eroberer.

Der alte Zurückstecker erhielt seine Auszeichnungen an der Unzulänglichkeits-Uni. Er ist voll von Begründungen, warum man nicht vorwärtskommen kann, warum man leider unfähig ist, warum man klein beigeben sollte, sich beugen und ergeben in das verworrene Dickicht von Unterlegenheit, Versagen und Entmutigung.

Beide Vorarbeiter sind jedenfalls unmittelbar gehorsam. Sie warten auf Ihr Signal für ihre Aufmerksamkeit. Geben Sie ein positives Zeichen, und Herr Bodengewinner wirft sich in Aktion. Wenn Sie alle richtigen Knöpfe bedienen, dann wird Herr Bodengewinner die Produktion so kurbeln, dass ein ermutigender, erbaulicher Gedanke nach dem anderen Ihren Geist durchfließt und Ihr Leben füllt. Solange die Produktion unter seiner festen Kontrolle ist, kann unter dem Dach der Fabrik auch nicht der feinste Nebel von Befürchtung beobachtet werden.

Vorarbeiter Zurückstecker allerdings erwartet ein negatives Signal (was er »Realität« oder »allgemeines Empfinden« zu nennen vorziehen würde), und schon ist er am Werk und es läuft. An der Spitze der Produktion bringt Zurücksteckers Band entmutigende, schlechte, neue Gedanken schneller heraus, als der Geist sie behandeln kann. Er wird Sie bald davon überzeugt haben, dass Sie nicht können oder nicht möchten oder nicht sollten. Mit ausreichender Zeit wird er Sie Ihrer Energie berauben, Ihr Vertrauen erdrücken und Sie in einen finster dreinschauenden, lippenpressenden Fatalisten verwandeln.

Hören Sie auf drei biblische Seelsorger:

Salomo sagte, bezugnehmend auf das Verhalten des Menschen: *»... denn was er bei sich denkt, so ist er.«*

Paulus nimmt Bezug auf die Gedanken:

»Übrigens, Brüder, alles, was wahr, alles, was ehrbar, alles, was gerecht, alles, was rein, alles, was liebenswert, alles, was wohllautend ist ... das erwägt.« (Phil. 4,8)

Petrus bezieht sich auf das Gemüt:

»Deshalb umgürtet die Lenden eurer Gesinnung ...« (1. Petr. 1,13)

Gedanken, positive oder negative, wachsen stärker, wenn sie mit andauernder Wiederholung gedüngt werden. Das mag erklären, warum so viele düster und grau in ihrer Laune sind, andere dagegen heiter und begeistert, sogar mitten in schwierigen Verhältnissen. Bitte verstehen Sie das nicht falsch. Glück (wie Gewinnen) ist eine Sache des rechten Denkens, nicht der Intelligenz.

Gewohnheiten

Ich war es gewohnt, meine Fingernägel bis zum Fleisch abzukauen. Die kleinsten Dinger riss ich ab, sobald nur die ersten Zeichen neuen Wachsens zu erkennen waren. Gut mehr als zwanzig Jahre lang trug ich zehn hässliche Stumpen mit mir herum, was in zwei miserablen Erfahrungen endete:

1. *Persönliche Verlegenheit!* Ich hatte immer Angst vor dem »Inspizieren sauberer Hände« in der Schule, im Sommerlager und bei Arztuntersuchungen.

2. *Körperliche Grenzen!* Wenn ich je einen Groschen fallen ließ, den wieder aufzuheben – vergessen wir es! Dasselbe galt für den Versuch, einen Zahnstocher aufzuheben, Splitter herauszuziehen oder winzige Schrauben einzusammeln.

Meine Mutter versuchte alle Arten humorvoller Therapie, um mich zum Aufhören zu bringen: Bestechen mit Geld, Jod auf meine Nägel, Tag und Nacht Handschuhe tragen, mich in der Öffentlichkeit verlegen machen und stille Erinnerung. Aber nichts half – und ich meine, wirklich nichts. Ich machte weiter und Biss die Nägel ab, bis es blutete.

Ich erinnere mich, dass ich Verabredungen hatte und meine Hände die ganze Zeit über in den Taschen hielt, damit nur das Mädchen es nicht bemerken sollte. Ich vermied Kartenspiele, übersprang Klavierstunden, lehnte es ab, Ringe zu probieren, und hielt mich fern von handwerklichen Tätigkeiten. Wie ich diese Verstellungskünste hasste! Ich wollte so gern damit aufhören, dass ich sogar nachts wach wurde und daran dachte. Aber die einfache Tatsache war die – ich konnte nicht. Trotz Schmerz und Qual hatte mich diese Angewohnheit, wie alle Gewohnheiten, fest im Griff, wie es ein Erzieher einmal beschreibt: Gewohnheit ist ein Seil; jeden Tag weben wir einen Faden dazu, und zum Schluss können wir es nicht mehr zerreißen.

Aber Gott begann, mich zu überführen. Es kostete Ihn beinahe ein Jahrzehnt, um einen endgültigen und vollständigen Sieg herbeizuführen. Ich schäme mich, das zuzugeben. Während dieses Prozesses brachte er mich liebevoll, aber doch fest dahin, einzusehen, dass das ein Bereich meines Lebens war, der viel tiefer lag als bei acht Fingern und einem Daumenpaar. Ich war versklavt – beherrscht und manipuliert vom Dornengebüsch der Gewohnheit. Ich war ein lebendiges Gegenstück zu der befreienden Wahrheit von 1. Korinther 6,12:

»Alles ist mir erlaubt, aber nicht alles ist nützlich. Alles ist mir erlaubt, aber ich will mich von nichts beherrschen lassen.«

Sie können sich das Feuer der Überführung nicht vorstellen, das dieser Vers auf einmal in mir entfachte. Das griechische Wort für *gefangennehmen* würde übersetzt »unter der Autorität von etwas angekettet sein« bedeuten. Ein genaues Hinschauen offenbart, dass dies nicht ein Vers ist, der über etwas Unrechtmäßiges oder Schwaches spricht, sondern über etwas, was tatsächlich rechtmäßig ist – aber nicht nützlich. Meine erste Begegnung mit dem Vers war nicht meine letzte Begegnung mit dieser schmerzlichen Gewohnheit. Aber sie war bestimmt ein Wendepunkt zur Veränderung, Gott sei Dank!

Der nochmalige Aufwasch dieses Nägelkau-Zeugnisses hat weitreichende Auswirkungen. Kein Mensch, der dieses Buch liest, ist vollkommen frei von schlechten Angewohnheiten, ob sie nun recht oder unrecht sind. Das ist der Preis, den wir für das Menschsein zahlen. Einige ringen mit einer Angewohnheit, die als Überessen, Übertreiben, Schwindeln oder Zögern akzeptiert und üblich ist. Andere sind per Gewohnheit negativ und misstrauisch, was gewöhnlich kleinkarierte Reaktionen zur Folge hat, während einige undankbar und fordernd sind, und andere fortwährend extravagant und ohne Einsicht.

Einige von Ihnen fühlen sich ertappt bei offenbarer Abhängigkeit im Alkoholverbrauch, bei Drogensucht, beim Hang zu Nikotin und Koffein, durch Verlockungen sexueller Lust oder einer Pille für jede Krankheit. Gewohnheiten wie Geschwätz, Sorge, Reizbarkeit und Fluchen werden oft praktiziert ohne Schuldgefühle, durch clever ausgedachte geistige Schemata gerechtfertigt. Die Liste ist endlos, sie ist für Gewohnheiten genauso lang wie für jeden Lebensbereich. Lassen Sie uns lieber fünf Vorschläge eingehend miteinander betrachten, als diese Liste noch zu erweitern. Fünf Vorschläge die uns helfen, diese Dornen herauszureißen, die unseren Weg hindern.

1. Hören Sie auf, zu verharmlosen.

Lehnen Sie es ab, Kommentare wie diese zu geben: »O, genau wie ich. Ich bin ganz genau so – war ich immer, werde ich immer sein. Na ja, nobody is perfect.« Solche Entschuldigungen nehmen die Schärfe des Ungehorsams und ermutigen Sie, das Werk der Überführung des Heiligen Geistes zu mindern oder vollständig zu ignorieren.

2. Wenden Sie eine Strategie an.

Nähern Sie sich Ihrer Zielscheibe mit einem schussbereiten Gewehr, nicht mit einer Schrotflinte. Nehmen Sie sich nur eine Angewohnheit vor, nicht alle auf einmal.

3. Seien Sie realistisch.

Es wird nicht schnell gehen. Es wird nicht leicht sein. Noch wird Ihr Entschluss über Nacht gleich ein permanenter sein. Zeitweiliges Versagen aber ist immer noch besser als Gewohnheitssklaverei.

4. Seien Sie mutig.

Fassen Sie den Dünkel ins Auge. Sie sind dann bereits auf der Straße zum endgültigen Sieg – zum erstenmal seit Jahren! Begeisterung stärkt die Selbstdisziplin und verhilft zu einer Haltung der Konsequenz.

5. Fangen Sie heute an.

Dies ist der beste Augenblick Ihres Lebens. Aufzugeben, wäre ein Zugeständnis der Niederlage und würde nur das Verlieren Ihres Selbstvertrauen-Krieges intensivieren und verlängern.

Die schmerzlichen Dornen der Gewohnheit herauszuziehen, das bringt den Pilger in die Lage, sich selbst weniger Aufmerksamkeit zu schenken und dem Einen mehr, der es wert ist – und der aufregendste Gedanke dabei ist, dass Er am Morgen gleich da sein wird, bereit, Ihnen durch den Tag zu helfen mit all der Kraft, die Sie brauchen werden, jeden Augenblick.

Sie brauchen einen Beweis? Wie ist es mit den zehn Fingernägeln und einer Zielscheibe?

Die Ketten der Gewohnheit sind zu dünn,
sie zu spüren,
bis sie zu stark sind,
sie zu zerreißen. Benjamin R. Dejung

Klischees

Am liebsten würde ich einen Club gründen – aber nicht irgendeinen Club. Den Namen und die Bedingungen für die Mitglieder dieser bestimmten Organisation habe ich schon seit langer Zeit fest ins Auge gefasst.

Er wird der WmaK-Club heißen: Weg mit allen Klischees! Es wird nicht leicht sein, hineinzukommen. Um Mitglied zu werden, muss man sich zu einem Leben verbaler Disziplin verpflichten. Man muss ein deutliches Ausbrechen aus dem Zuchthaus abgedroschener Phrasen versprechen, in dem man zu viele Jahre gefangengehalten war.

Aber das ist nicht alles. Man muss außerdem versprechen, sich in frischer, durchdringender Art und Weise auszudrücken, beiden gegenüber, Gott und dem Nächsten.

Bevor Sie in die Reihe treten, um bei WmaK mitzumachen, muss ich Sie noch warnen: Die Beiträge sind hoch.

Erstens:

An den größten Teil ihrer »geistlichen Sprache« werden Sie ein Streichholz halten müssen, das Ihre geschätzte Liste von Lieblingsausdrücken zu einem Freudenfeuer macht.

Zweitens:

Es wird von Ihnen gefordert werden, Ihre geistigen Muskeln anzustrengen, bedeutungsvolle Ausdrücke zu gebrauchen anstelle von religiös klingenden Phrasen. Sie möchten immer noch unterzeichnen?

Ein *dritter* Punkt beinhaltet, dass Sie es lernen, sich in eine Welt einzupassen, frei von der Sicherheit fadenscheiniger Klischees wie:

»… leite und führe uns …«

»… möge der Herr zu seinem Wort den Segen geben …«

»… ich glaube, das wird ein Segen für Ihr ganzes Leben sein …« (Gähnen) »… vertrauen Sie nur dem Herrn …«

»… hören Sie mein Zeugnis …«

»… segne alle Missionare …«

»… wir danken dir für alles …«

»… es wird alles zum Guten sein …«

»… wunderbare Botschaft im Lied …« (Seufzen)

»… segne Gabe und Geber …«

»… wir wollen stille werden zum Gebet …«

»… Zeit der Gemeinschaft …«

»… segne diese Gaben unserem Leib …«

»… er (sie) ist heimgegangen …«

Jetzt warten Sie – halten Sie an und denken Sie nach, bevor Sie Steine aufheben, um sie auf mich zu werfen. Haben Sie diese jedermann erschlagenden Sätze noch nicht gehört, solange Sie nur einen Piep sagen können? Oder, was noch schlimmer ist – Sie sind so entmagnetisiert und schon einbalsamiert, dass Sie sie gar nicht mehr hören. Christen scheinen den Gebrauch von abgedroschenen, platten Worten und Sätzen zur Kunst entwickelt zu haben.

Klischee ist ein französischer Begriff, richtig. Original bedeutet er *stereotyp,* und das Lexikon definiert *stereotyp so:* »Etwas ohne Variation wiederholen; häufige und fast mechanische Wiederholung derselben Sache ... etwas einem festen Muster anpassen« – wie eine immer auf derselben Rille laufende Schallplatte ... eine Sprechpuppe mit zehn vorgefertigten Sätzen ... fortlaufendes Blablabla ...

Unser Herr sprach die Pharisäer einmal schuldig, weil sie beim Beten »viele Worte« machten (Matth. 6,7). Tun wir es nicht? Sind wir berechtigt, als Richter dazusitzen? Bei einer anderen Gelegenheit tadelte Jesus sie, weil sie vor den Menschen fromm erschienen und auch so taten, als seien sie es, aber inwendig waren sie voller Heuchelei (Matth. 23,27,28). Gut, doch wer von uns will den ersten Stein auf diese Pharisäer werfen?

Ohne wie ein ultra-kritischer Ketzer klingen zu wollen, möchte ich ein paar Gelegenheiten nennen, wo die Klischees des 20. Jahrhunderts reichlich zu finden sind:

... Bei abgestandenen, verbogenen Zeugnissen, die der Relevanz und des frischen Denkens entbehren.

... In öffentlichen Gebeten, besonders in Gruppen, wo wir »rundum« beten, oder in Kollektengebeten.

... In religiösen Radio- und Fernsehsendungen, besonders, wenn der Ansager oder Verkündiger unvorbereitet ist und in seinen Vorrat des religiösen Jargons verfällt.

... In alten Predigten, im Samstagabendofen aufgewärmt, am Sonntagmorgen serviert.

… Bei Missionskonferenzen, Bibelkonferenzen, Konferenzen für Männer, für Ehepaare, Heiligungs-, Familienkonferenzen, bei den meisten aller Konferenzen!

… In allzeit paratem »belehrendem Rat« für die Kranken, Sünder und Sorgenden.

… Bei Hochzeiten und Beerdigungen.

… Bei langen Andachten, ans Ende eines »fröhlichen« Beisammenseins angehängt.

… Bei öffentlichen Ansagen während der »Begrüßung« (Klischee) und während des Gottesdienstes … Bei besonderen Grüßen zu Weihnachten, Ostern, Muttertag, Erntedank usw. … Bei abgeleierten Einladungen und dem Segen am Schluss.

Ganz im Ernst, ich verdamme nicht, ich bitte!

Wir sind Zeugen und Sprachrohre eines Gottes von unendlicher Vielfalt, ungebundener Kreativität, unbeschreiblicher Majestät und Schönheit. Wir haben eine glühende Botschaft der Hoffnung in unserem Besitz, eine pulsierende Einladung, sich einem lebendigen Retter zu nähern. Können wir es rechtfertigen, diese Hoffnung in fadenscheinigem Sackleinen zu tragen, sie in einer vorhersagbaren Monotonie auszurichten? Ich sehne mich danach, dass die unter uns, die an einer blutarmen Phrasenhaftigkeit leiden, einen Schritt nach vorn tun zu einer Transfusion. Ich bitte um offenes Zugeben, dass unsere Antworten vom Band abgespielt sind, mit einem Spinngewebe der Tradition, gesponnen von der Spinne der Trägheit. Viele unserer Worte verloren ihre Wirkung vor Jahren, und sie leiden seit Jahrzehnten an dem öffentlichen Missbrauch des Übergebrauchs. Die Dornen hatten Knospen, sie haben geblüht und sich vermehrt, bis sie Licht und frische Luft ausgesperrt haben.

Vor fünf verschiedenen Gruppen, einer nach der anderen, beschreibt Paulus sein Leben und seinen Dienst für den großen König. Doch jedes Mal bleibt er kreativ. Sie werden nicht ein einziges Klischee finden. Wenn Paulus das konnte, dann sollten wir es auch können.

An diesem Punkt muss ich etwas offen bekennen: Die Verkündiger sind die Schlimmsten. Wenn bei jedem Klischee, das von der Kanzel kommt, 10 DM Geldstrafe fällig würden, wären die meisten von uns Pastoren am Ende jedes Monats pleite. So lassen Sie uns miteinander einen Vertrag schließen und ihn ein gemeinsames WmaK-Projekt nennen, okay? Ich will alles tun, was in meiner Kraft steht, um meine Gespräche aufzuwerten – so wie Sie auch. Lassen Sie uns unsere Phrasen räuchern und diese Plage verbaler Heuschrecken für immer vernichten, denn sie bedrohen die Vitalität und Frische unserer so wichtigen Botschaft.

An alle vorhandenen WmaK-Club-Mitglieder: Unterschreiben Sie die Mitgliedskarte heute. Ich habe auch schon meinen Kuli gezückt.

Aberglaube

Die große Plage legte sich über das alte Land wie eine dicke, graue Decke. Sie kam wie ein Dieb in der Nacht – unangemeldet, heimtückisch, still. Bevor sie wieder ging, waren 25 Millionen Menschen auf den Inseln und dem europäischen Festland gestorben. Die Sterbensrate war erschreckend.

Im Mai 1664 wurden ein paar Isolierfälle gemeldet und still ignoriert. Genau ein Jahr später starben 590 im selben Monat. Im Juni waren es 6137; im Juli über 17000; im August über 31000. Panik schlug um sich. Mehr als zwei Drittel der übriggebliebenen Bevölkerung floh aus ihren Häusern, um dem Tod zu entrinnen.

Er wurde der schwarze Tod genannt, und zwar aus zwei Gründen:

1. Der Leib des Opfers wurde dunkel, schwarze Flecken bedeckten die Haut.

2. Das Dunkel der Unwissenheit umgab die Ursache. Und darum gab es keine Heilmittel.

Irgendjemand tat sich hervor mit der dummen Idee, dass verschmutzte Luft diese Seuche hervorbringe. So begannen die Menschen damit, Blütenblätter in ihren Taschen mit sich zu tragen, abergläubisch denkend, der Duft würde die Krankheit abwehren. Ganze Gruppen von Opfern wurden aus den Hospitälern herausgenommen, wenn sie in der Lage waren, zu gehen. Hand in Hand liefen sie im Kreis um die Rosengärten und atmeten tief den Duft der blühenden Pflanzen ein. In einigen Fällen, wo die Patienten nicht aus dem Bett konnten, füllten die diensttuenden Ärzte ihre Taschen mit hellen Blättern der englischen Blumen. Bei der Visite liefen sie um das Bett herum und versprengten die Blumenblätter auf und um das Opfer.

Als der Tod näher kam, beschäftigte man sich ernsthaft mit einer anderen abergläubischen Handlung. Viele meinten, wenn die Lunge von der Verschmutzung befreit werden könne, würde das Leben erhalten bleiben. So wurde Asche auf einen Löffel geschüttet und an die Nase gebracht, was ein- oder zweimaliges kräftiges Niesen verursachte. Aber weder Blumen noch das Niesen hielten die wütende Todesrate auf.

Erst als die eigentliche Ursache entdeckt wurde – der durch Insekten übertragene Virus von infizierten Ratten –, konnte die Seuche unter Kontrolle gebracht werden. Dieses schreckliche Erleben wurde zur Geburtsstunde eines kleinen Liedes, das harmlos spielende Kinder noch heute singen. Es war zum erstenmal von den Lippen eines verschmutzten alten Mannes zu hören, der einen Wagen durch London schob und die Körper entlang der Straße aufsammelte:

Kreis um die Rosen,
die Taschen voller Blütenblätter – Asche, Asche.
Doch wir alle fallen.

Durch Unwissenheit und Ungehorsam verstärkt, pflegt der Aberglaube die Unsicherheit und schiebt eine Legion struktureller Risse in unseren Charakter. Er nährt übertriebene, selbstgemachte Lügen, die so anwachsen, dass ihre Zweige das allgemein übliche Empfinden verbergen und, was noch schlimmer ist – sie verbergen Gott!

Sie finden Aberglauben im Sport. Der Manager eines professionellen Baseballteams wagt nicht, an einer weißen Linie anzuhalten. Ein Olympia-Läufer gab vor etlichen Jahren zu, dass er das Medaillon reiben müsse, das an seinem Hals hing, sonst sei er nicht »seelisch auf der Höhe«. Eine Olympia-Skifahrerin – die Zeitung berichtete darüber – steckt ein vierblättriges Kleeblatt in ihre Jackentasche, bevor sie an die Abfahrt geht.

Der Aberglaube macht viele zum Sklaven. Sie können sich nicht vorstellen, welche geistigen Verkrümmungen sie durchlaufen, wenn er sich darstellt. Schüler sind abergläubisch im Blick auf gute Noten. Die Älteren sind abergläubisch im Blick auf ihre Sicherheit zu Hause. Mütter sind abergläubisch im Blick auf ihre Kinder. Männer sind abergläubisch im Blick auf ihren Geschäftserfolg oder die Zukunft ihrer Karriere. Viele Millionen sind abergläubisch im Blick auf ihre astrologische Vorhersage.

Das Schlimmste? Aberglaube im Blick auf Gott, den Herrn. Die Reformatoren waren die ersten unter denen, die das gesehen und die Sache beim Namen genannt haben. Sie schrieben davon, predigten dagegen, indem sie es öffentlich darstellten – und wurden darüber zu Märtyrern. Religiöser Aberglaube ist unbarmherzig.

Bevor Sie dies zu den Akten legen, als für jeden anderen, nur nicht für Sie selbst gültig, nehmen Sie Ihr eigenes Leben lange und hart unter die Lupe. Das Ziel des Aberglaubens ist Knechtschaft. Denken Sie daran! Darum wird der Aberglaube zu den Dornen des Lebens gezählt.

Wenn Sie irgendetwas in Ihrem Christsein in der Knechtschaft hält, dann ist es nicht ausgeschlossen, dass Aberglaube der Nährboden ist. Sehen Sie, unser Heiland kam, um uns die Wahrheit zu bringen und uns frei zu machen. Aberglaube, wenn auch von Ernsthaftigkeit getrieben, führt zur Seuche der Sklaverei. Nicht Ernsthaftigkeit befreit; Christus befreit. Sie mögen es ernst meinen, so ernst wie eine Tasche voll Blätter oder ein Löffel voll Asche oder ein Lied auf der Straße. Aber was ist ein Lied, wenn es einem Toten gesungen wird?

Geschäftigkeit

Lauf, Jünger Jesu, lauf!
Termine, Aktivitäten, Aufgaben … lauf!
Verpflichtungen, Entscheidungen,
Stichtage … lauf!
Fahrpläne, Dienste, Seminare … lauf!
Pläne, Programme, Menschen … Stop!

Treten Sie zur Seite und setzen Sie sich. Lassen Sie Ihren Motor eine Minute lang im Leerlauf, und denken Sie über eine Wende nach. Denken Sie nach über Ihr Tempo, Ihre Geschäftigkeit. Wie sind Sie in diese Zwangsjacke gekommen? Was steckt tief drinnen in Ihrem Heizraum, das dauernd das Feuer schürt? Fängt sich Ihr Atem doch noch?

Dann werfen Sie einen Blick zurück, sagen wir drei oder vier Monate. Könnten Sie irgendetwas Wesentliches nennen, was Sie getan haben? Was sagen Ihre Gefühle, was haben Sie zu einem Abschluss gebracht – sehr vieles? Wahrscheinlich nicht, wenn Sie ehrlich sind.

Da gibt es einen Mann in Oklahoma City mit Namen James Sullivan, der weiß, wie Ihnen zumute ist. Damals in den 1960ern, da ließ er seine Stadt aufleben, indem er dort den größten Young Life Club der Nation entwickelte. Und das ist nicht alles, was er tat. Nebenbei schaffte er es, seine Gesundheit und seine Familie zu opfern. In den Spuren des Erfolges leuchtend, wurde Sullivan ein schwieriger Mann.

Man musste ihn allein lassen, um mit ihm leben zu können. Seine Frau Carolyn wurde es müde. Genauso seine Kinder, die ihren Vater selten sahen. Wenn sie ihn sahen, war er gereizt. Obwohl er es zu der Zeit nicht wahrnahm, war Sullivans total abgedrosselter Lebensstil tatsächlich eine Technik der Flucht. Hören Sie auf sein Geständnis in seinem Buch »The Frog Who Never Became a Prince« (Der Frosch, der nie ein Prinz wurde):

»Ich war ein Mann, der in einer Hülle existierte ... Schuld, Empfindlichkeit und Hass quollen in mir auf. Die sich daraus ergebenden harten Gefühle, die ich entwickelte, wurden beinahe unüberwindlich.«

Was war geschehen? War der Kerl nicht ein Christ, arbeitete er nicht für Jesus, verbreitete das Evangelium und erreichte die Jugend?

Doch, in der Tat. Aber Sullivan setzte Aktivität an die Stelle von Leben, Geschäftigkeit anstelle von sinnvollen Prioritäten. An einem Erntedankfest stellte Carolyn ihm eine Frage, als er zur Tür hinauseilte, um irgendwo zu sprechen. »Weißt du«, sagte sie, »oder kümmert es dich überhaupt, dass du von Mitte September bis heute nicht einen Abend zu Hause warst?« Nicht lange danach hatte sie einen Zusammenbruch. Er beabsichtigte Selbstmord.

Schmerzende Worte – aber wahr. Sie klingen vertraut?

Hier ist das Warum: Geschäftigkeit raubt Beziehungen. Sie setzt oberflächliche Rennerei an die Stelle von tiefer Freundschaft. Sie verspricht befriedigte Träume, liefert aber beklemmenden Alpdruck. Sie nährt das Ich, lässt aber den inneren Menschen verkümmern. Sie füllt einen Kalender, zerbricht jedoch eine Familie. Sie kultiviert ein Programm, untergräbt aber die Prioritäten.

Manche Gemeinde prahlt mit ihrem Programm: »Jeden Abend in der Woche etwas für jedermann.« Was für eine Schande! Mit guten Absichten kann die örtliche Gemeinde genau die Atmosphäre schaffen, die dazu geeignet ist, jeden an die Kandare zu nehmen. Den Einen, der uns die Anweisung gab: »Seid stille und erkennt, dass ich Gott bin«, muss es schmerzen, wenn er Zeuge unserer wahnsinnigen, gehetzten Zwänge ist. Statt eines stillen, empfangsbereiten Geistes bieten wir Ihm eine innere Waschmaschine an – aufgewühlt von Sorge, belastet mit zu viel Aktivität und vor Empfindlichkeit und Ungeduld schleudernd. Manchmal muss er unsere Zukkungen mit einem kräftigen Seufzen beobachten.

Mein Mentor war weise. Er erklärte einmal: »Vieles von unserer Aktivität heute ist nichts anderes als eine billige Betäubung, um den Schmerz eines leeren Lebens abzutöten.« Sie möchten die Wende? Hier ist das »Wie«:

Erstens: *Zugeben!*

Sie sind zu geschäftig. Sagen Sie sich das selbst … Ihrer Familie … Ihren Freunden. Offenes und bereitwilliges Geständnis, dass das, was Sie tun, falsch ist und etwas getan werden muss – und zwar jetzt. Ich habe das vor kurzem getan, unter Tränen. Meine Familie und ich machten einige Brücken frei, die von Dornen überwuchert waren.

Zweitens: *Anhalten!*

Heute damit beginnen, jede Aktivität aufzugeben, die nicht absolut notwendig ist. Das Wesen der Zeit ist unbarmherzig. Der richtige Umgang mit ihr beeinflusst Ihre Gesundheit. Fangen Sie an, und sagen Sie: »Nein!« Üben Sie das ein paar mal laut, formen Sie die Buchstaben in Ihrem Mund. Die phonetische Struktur dieses Vier-Buchstaben-Wortes ist eigentlich nicht so schwierig. Wenn irgend möglich, treten Sie von ein oder zwei Ämtern zurück ... oder von drei oder vier. Geben Sie es auf, sich so wichtig zu fühlen. Man wird einen anderen finden. Oder vielleicht wird man weiser und führt einen besseren Plan ein.

Drittens: *Durchhalten!*

Es ist leicht, schnell zu beginnen, um dann schnell wieder aufzuhören. Besprechen Sie mit Ihrer Familie einige Möglichkeiten, die Zeit mit ihr zu investieren – ohne Fernsehen, ohne sich dafür entschuldigen zu müssen, dass sie jetzt spielen und lachen und verrückte, lustige Dinge tun – ohne Unmengen von Geld ausgeben zu müssen, damit Sie »unterhalten« werden.

Viertens: *Mitteilen!*

Es wird nicht lange dauern und Sie können schon damit anfangen, den Segen davon zu ernten, dass erste Dinge auch als erstes getan werden. Sagen Sie es anderen. Infizieren Sie sie durch Ihren Anreiz. Glauben Sie mir, es gibt eine Menge Aktivitäts-Süchtige in der Gemeinschaft der Gläubigen, die froh wären, wenn das kreisende Karussell ihres Lebens irgendwie gestoppt würde.

Fragen Sie James Sullivan. Sein Spitzname ist »Frosch«. Zu der Zeit, als er »geküsst« wurde, war es beinahe zu spät. Beinahe!

Erosion

Ich erinnere mich nur an zweierlei aus meinem Chemieunterricht in der Oberschule. Das erste – durch eine Behandlung mit Sulfonsäure wurde ich innerhalb von dreiunddreißig Tagen eine Warze an meinem rechten Handrücken los. Das zweite – ich beobachtete den langsamen Tod eines Frosches bei einem unvergesslichen Experiment.

Mein Lehrer platzierte die unglückliche Kreatur in ein übergroßes Glas mit kaltem Wasser. Unter das Glas stellte er einen Bunsenbrenner mit sehr kleiner Flamme, so dass das Wasser ganz langsam erhitzt wurde. Die Temperatur stieg in der Tat so allmählich an, dass der Frosch die Veränderung überhaupt nicht bemerkte. Zweieinhalb Stunden später war der Frosch tot – zu Tode gekocht. Die Veränderung ging so langsam vor sich, dass der Frosch weder herauszuspringen versuchte noch eine »Beschwerde« von sich gab.

Aufmerksam, wie ich der grausamen Demonstration gegenüberstand, erkannte ich nicht, dass ich Zeuge einer Grundwahrheit war, die mich für den Rest meines Lebens immer wieder an diesen Frosch erinnerte.

Die Grundwahrheit ist, in einem Wort ausgedrückt, Erosion – der stille Tribut der Entartung.

Die ersten 11 Kapitel des 1. Buches der Könige geben die Entartung eines großen Mannes wieder, in der Tat des größten seiner Zeit. Gesegnet mit königlichem Blut und einer Fülle von Geist, war Salomo geradezu wie geschaffen für den Thron Davids. Als Erbe wurde er zu den Füßen Nathans erzogen, vom Herzen Bathsebas gehegt und gepflegt, begradigt unter den Augen Davids und durch die Hand Gottes zur Reife gebracht. Die Vorzugsmarke klebte an ihm. Und obwohl er jung war, als sein Vater starb, war er doch gründlich vorbereitet, das Zepter zu übernehmen und über Israel zu regieren.

Weisheit, Treue, Diplomatie, Ehrlichkeit und Leistungsfähigkeit charakterisierten die Haltung und das Handeln des begabten Davidssohnes in den ersten Jahren seiner Königsherrschaft. Und das beste bei allem – *»Salomo hatte den Herrn lieb«* (1. Könige 3,3) und wandelte sorgsam in Seinen Wegen. Seine Leistungen, seine Macht, sein internationaler Einfluss und sein Wohlstand waren geradezu phänomenal:

»Und Gott gab Salomo Weisheit und eine sehr große Einsicht und Weite des Herzens wie Sand am Ufer des Meeres. Die Weisheit Salomos war größer als die Weisheit aller Söhne des Ostens als alle Weisheit Ägyptens. Und er war weiser als alle Menschen … und sein Name war berühmt unter allen Nationen ringsum … So war der König Salomo größer als alle Könige der Erde an Reichtum und an Weisheit. Und die ganze Erde suchte das Angesicht Salomos …« (1. Könige 5,9-11; 10,23-24a)

Es ist erwiesen, dass sein jährliches Einkommen Millionen erreichte. Die beispiellose Leistung seines Lebens war der Entwurf und die Erbauung des Salomonischen Tempels. Nachdem die misstrauische

Königin von Saba selbst kam, um das Königreich zu besuchen und sich selbst zu beweisen, dass alles, was sie gehört hatte, nicht bloße Übertreibung sei, gab sie demütig zu:

»... *Ich habe den Worten nicht geglaubt, bis ich gekommen bin und meine Augen es gesehen haben. Doch siehe, nicht die Hälfte ist mir berichtet worden. Du hast an Weisheit und Gütern die Kunde übertroffen.*« *(1. Könige 10,7)*

Ja, Salomo hatte das alles.

Allerdings begannen die Dinge sich zu verändern. Als er fast die höchste Sprosse vor Gott und den Menschen erreicht hatte, griff er nach der Herrschaft des Kompromisses und der Schuld und begab sich auf die schlüpfrige Ebene von Unzucht, Stolz, Lust und Abgötterei. Wie der wahnsinnige Nero in der späteren Geschichte wurde Salomo unvernünftig, sinnlich und sogar skeptisch Dingen gegenüber, die er einmal für kostbar gehalten hatte.

Staubschichten sammelten sich in dem majestätischen Tempel an, den er hatte erbauen lassen, jetzt, wo der Monarch seine Aufmerksamkeit anderen Projekten zugewandt hatte: dem Bau fremder Gebäude für die fremden Götter, denen er und seine fremden Frauen nun dienten.

Salomo (wie viele andere absolute Monarchen und der Supergeschäftsmann, Top-Handelsvertreter, die athletische Primadonna oder der Filmstar-Playboy) fuhr ganz einfach zu schnell und ging zu weit. Die Geier seiner eigenen Verwundbarkeit machten bald seine Sinnesgelüste ausfindig und begannen seine

Vitalität zu verzehren. Das Ende seines nun sterilen Lebens kam verfrüht. Seine sogenannte »Erfolgsstory« war nun anrüchig.

Der Davidssohn starb als ein verführter, verweichlichter Zyniker, so übersättigt vom Materialismus, dass das Leben ganz und gar »eitel war und ein Haschen nach Wind«. Er hinterließ eine Nation, die verwirrt war in Konflikten und bald durch einen Bürgerkrieg zerbrochen wurde.

Entartung geschieht niemals plötzlich. Kein Garten wächst »plötzlich« mit Dornen zu. Keine Gemeinde spaltet sich »plötzlich«. Kein Gebäude verfällt »plötzlich«. Kein Baum stürzt »plötzlich«. Keine Ehe zerbricht »plötzlich«. Keine Nation wird »plötzlich« zu einer mittelmäßigen Größe. Kein Mensch wird »plötzlich« gemein.

Langsam, fast unmerklich, werden bestimmte Dinge akzeptiert, die wir einmal ablehnten. Dinge, einmal als schmerzlich betrachtet, sind jetzt im geheimen toleriert. Nach außen hin erscheint alles harmlos, vielleicht sogar aufregend, aber keilförmig bringt es einen Spalt, der immer breiter wird, so wie moralische Erosion sich die Hand reicht mit geistlichem Verfall. Der Spalt wird zu einem Canyon. Der Weg, der richtig erschien, wurde in der Tat zu einem Weg des Todes. Salomo schrieb das. Er musste es wissen.

Nehmen Sie sich in acht, wenn Sie stehen. Nehmen Sie sich in acht, dass Sie nicht fallen! Seien Sie sorgfältig, wenn Sie Ihren Standard verändern, so dass er mit Ihren Wünschen übereinstimmt. Seien

Sie behutsam, dass Sie nicht aufgeblasen werden mit Gedanken Ihrer eigenen Wichtigkeit. Seien Sie wachsam im Blick auf die Fallen von Wohlstand und Erfolg. Sollte Gott Ihnen Reichtum, Ruhm und Erfolg bescheren, laufen Sie nicht verstört weg oder fühlen Sie sich nicht schuldig. Bleiben Sie nur ausbalanciert. Denken Sie an Salomo, der die Entartung durchmachte von einem demütigen Mann der Weisheit zu einem törichten Verschwender, zuletzt des Lebens überdrüssig, und zwar in einer ziemlich kurzen Zeitspanne.

Jetzt bin ich dankbar für dieses Chemie-Experiment, bei dem ich 1951 Zeuge war. Damals dachte ich: »Wie scheußlich!« Jetzt nicht mehr. Die Erinnerung an jenen Frosch hat mich ferngehalten von einer Menge heißem Wasser.

Befürchtung

Die Szene ist bekannt: ein Krankenhausfoyer mit allen Einrichtungen ... weiche Sofas und zusammengefaltete Zeitungen ... passende Teppiche und Gardinen, von unheimlichem Licht angestrahlt ... eine Dame im Kittel am Schalter, müde vom Beantworten immer derselben Fragen ... fremdartige Gerüche ... Aschenbecher, halbvoll mit halbgerauchten Zigaretten ... und Menschen.

Überall sind Menschen. Ein dauernder Strom geht aus und ein, die Gesichter gezeichnet von Eile und Sorge. Um mich herum sind kleine Trauben gedrängter Gruppen, die leise sprechen oder ins Leere blicken, oft blinzeln, in einer Welt des Seelenschmerzes verloren. Einige sitzen allein, unruhig, seit zehn Minuten dieselbe Seite eines Taschenbuches lesend. Ein Chirurg in grün erscheint plötzlich, er trägt Neuigkeiten für den Wartenden mit sich. Stirnrunzeln. Schmale Lippen. Kopfschütteln. Die Tränen fließen. Jeder starrt – sich augenblicklich mit dem Fremden identifizierend. Bald ist es wieder still, wachsende Befürchtung steigt auf ... und das Leben geht weiter.

Wenn ich ein Insekt an der Wand dieser sterilen Einrichtung wäre, ich würde mich an andere Stellen erinnern, an denen ich saß und auf meinen Insektenexkursionen Befürchtungen witterte. Wie der Klassenraum die neue Lehrerin »beobachtet« bei ihrem ersten Versuch mit den Sextanern. Wie das verkrampfte Lernen des Medizinstudenten im letzten Semester, wenn er sich vollstopft am Abend vor dem Mündlichen.

Ich habe mich an die Befürchtung erinnert, die ich am Flughafen auf dem Gesicht des Vaters sah, der seinem Sohn winkte, als dieser zu einem Dienst nach Übersee ging. Oder auf der Kinderstation, als eine erschöpfte Mutter die Nacht durch am Bett ihres Babys mit rasendem Fieber saß. Oder an die Gelegenheit, als ich auf einem Lastwagen querfeldein fuhr, beim Umzug einer Familie in eine ungewohnte Umgebung, mit unbekannten Straßen und ungeübten Herausforderungen. Oder an den Geschäftsmann, dessen Laden in die Inflationskrise gekommen war und der nun nicht wusste, wie er am Ersten zahlen sollte.

Befürchtung! Das ist so weltweit wie ein Hamburger oder Coca Cola. Und doch ist es eigentümlich. Befürchtung ist nicht wesensgleich mit Sorge, aber sie fühlt sich an wie ihr Zwilling. Sie ist nicht stark genug, um gefürchtet zu werden, noch ist sie sanft genug, um leichtfertig darüber hinwegzugehen. Sie gehört in die Kategorie der »gemischten Gefühle«.

(Sie kennen natürlich die Definition von »gemischten Gefühlen«. Es ist das Gefühl, das Sie haben, wenn Sie die Nachricht hören, dass Ihre Schwiegermutter gerade Ihren neuen Audi 80 kaputtgefahren hat. Sie wissen nicht, ob Sie geschockt oder erlöst gucken sollen, so drehen Sie Ihre Uhr auf, blicken zu Boden, seufzen und beten um Weisheit.)

Manchmal hinterlässt Sie die Befürchtung gelähmt, immobil. Es ist eine undefinierbare Schwere – ein Gefühl von Ungewissheit, böser Ahnung und Unruhe. Was die Frustration für gestern ist, ist die Befürchtung für morgen.

Paulus hatte sie, als er sein Gesicht dem dunklen Horizont über Jerusalem zuwandte. Sein Geständnis ist in Apostelgeschichte 20,22 zu finden:

»Und nun siehe, gebunden im Geiste gehe ich nach Jerusalem, und weiß nicht, was mir dort begegnen wird.«

Eine Menge Emotion ist in diese achtzehn Wörter hineingepackt. Wie fühlte er sich? *Im Geiste gebunden.* Warum war es ihm nicht leicht? *Weiß nicht, was mir dort begegnen wird.*

Das sind die Dornen der Befürchtung. Befürchtung ist keine Sünde, noch ist sie ein Grund zur Verzweiflung. Sie ist vielmehr der Beweis dafür, dass Sie ein Mensch sind. Unglücklicherweise neigen Befürchtungen dazu, die Hoffnung zu ersticken und den Glauben zuzudecken. Befürchtung will Ihren Blick kurz halten, Sie anschnallen und lehren, sich einzuigeln und tot zu spielen, wenn schaurige Statistiken und pessimistische Berichte mit ihren Krallen zupacken.

Paulus wies sie energisch ab, als sie ihm zuflüsterte. Offen ihre Gegenwart eingestehend, nahm er nichtsdestoweniger festen Grund unter die Füße mit den beeindruckenden Worten von Apostelgeschichte 20,24:

»Aber ich achte mein Leben nicht der Rede wert,

damit ich meinen Lauf vollende und den Dienst, den ich von dem Herrn empfangen habe …«

Befürchtung ist bedrückend, bis sich der Entschluss ihrer annimmt und sie zwingt, das Visier zu öffnen. Das ist besonders wahr, wenn der Entschluss von dem König der Könige bevollmächtigt ist.

Ungeduld

Während ich dies schreibe, bin ich über 10 000 Meter hoch. Es ist 5.45 Uhr, Samstag. Es sollte 4.15 Uhr sein. Das Flugzeug war anderthalb Stunden zu spät. Die Leute sind brummig. Einige sind geradezu verrückt. Die Stewardessen entschuldigen sich, versprechen ein Extragetränk, um die Schärfe zu nehmen.

Um die Angelegenheit zu komplizieren, hat ein Japaner, der auf der anderen Seite des Ganges neben mir sitzt, ziemlich ernsthaftes Nasenbluten, und sie versuchen, dem armen Kerl ein paar Anweisungen zu geben – aber er spricht kein Wort Englisch! So, nun ist die Mahlzeit zu spät. Die Dame zu meiner Linken hat eine Erkältung und macht enorme Geräusche, wenn sie niest (ungefähr alle 90 Sekunden – ich habe sie gestoppt). Es ist so etwas wie ein sterbendes Kalb im Hagelschauer oder wie ein Elch mit einem Bein in der Falle. O, noch eins. Der Sportfilm über Golf riss, und dasselbe trat im Nervensystem der Hälfte der Männer ein, die an Bord sind. Es ist wie im Zoo!

Das ganze fing an mit der Verspätung. »Mechanische Schwierigkeiten«, sagten sie. »Unverzeihlich«, reagierten ein paar Passagiere.

Wir mögen nicht warten. Verspätungen sind ärgerlich, irritierend, nervenaufreibend. Mit ungeduldiger Vorhersagefähigkeit sind wir folgerichtig – und ich möchte hinzufügen widerwärtig – fordernd. Wir wollen, was wir wollen, wenn wir es wollen. Nicht einer von uns ist bereit, eine Verspätung leicht zu akzeptieren.

Stellen Sie das in Frage? Versetzen Sie sich in folgende Situationen:

1. Sie sind im Supermarkt. Einen vollen Abend vor sich. Lange Schlangen. Der Einkaufswagen hat ein Rad, das schleift. Schließlich sind Sie fertig und wählen eine Reihe mit nur zwei Kunden vor Ihnen. Die Kassiererin ist neu ... ihre Hände zittern ... Schweißtropfen kullern auf ihre Brauen. Langsam wendet sie sich Ihnen zu. Ihre Kassenrolle geht zu Ende. Sie ist nicht sicher, wie man sie wechselt. Die Zeit läuft! Wie ist Ihre Reaktion?

2. Es ist der Ausgeh-Abend der Familie zum Essen – an einen speziellen Ort. Sie haben den Tag überwiegend gefastet, so dass Sie sich heute Abend vollstopfen können. Eine Nische zum Sitzen wurde Ihnen zugewiesen und die Speisekarte auch, aber es ist entsetzlich viel Betrieb, und zwei Kellnerinnen fehlen. So sitzen Sie da, hungrig wie ein Elefant im Winter, mit einem Glas Wasser und der Speisekarte, die Sie schon angefangen haben anzuknabbern. Sie müssen warten. Wie ist Ihre Reaktion?

3. Sie sind ein bisschen spät weggekommen zur Arbeit. Die Schnellstraße ist voll, so entscheiden Sie sich, eine wenig bekannte Abkürzung zu fahren, um durch den Verkehr zu schlüpfen. Sie schlagen alle Ampeln, so wie Sie um die Lastwagen und langsamen Fahrer herumkurven. Gerade um die Zeit, wo Sie anfangen, sich so richtig schlau zu fühlen, streift ein ominöses Bim-bim-bim Ihre Ohren. Die Schran-

ke wird geschlossen. Ein Zug! Sie werden aufgehalten. Wie ist Ihre Reaktion?

Den Räuber unseres Christseins trifft man genau an solchen Kreuzungen auf der Straße der Bewährung. Da wird unser Glaube auf die Probe gestellt. Die beste Prüfung meines geistlichen Wachstums erfolgt im Hauptstrom des Lebens, nicht in der Stille meines Bibellesens. Jeder kann im Sieg wandeln, wenn er umgeben ist von Büchern, Stille und den warmen Wogen des Sonnenscheins, die durch die Fenster hereinfluten. Aber diese späten Abflüge, diese Schlangen im Supermarkt, diese vollen Restaurants, diese Züge! Was für ein Dünger für die Dornen der Ungeduld.

Die Stewardess in diesem Flugzeug macht sich nichts daraus, dass ich ein theologisch Geschulter bin. Ihre Kellnerin wird wahrscheinlich nicht beeindruckt sein, dass Sie den authentischen Beweis für die Echtheit des Pentateuch erbringen können. Noch wird das Mädel beim Tippen der Lebensmittelpreise vor Ehrfurcht erblassen, wenn Sie sie über die besonderen Charakteristika der biblischen Unfehlbarkeit informieren, mit der Sie sich befassen (obwohl sie erstarren dürfte).

Eine Qualität allerdings – eine einzige, seltene Tugend, selten wie Diamanten und doppelt so kostbar – wirkt unmittelbar anziehend und die Gemüter beruhigend. Die Qualität? Die Fähigkeit, einen ungewollten Aufenthalt gnädig zu akzeptieren. Ruhig. Still. Verstehend. Mit einem Lächeln. Wenn das Kleid der Reinheit weit über den Rubinen steht, dann steht das Gewand der Geduld noch darüber. Warum? Weil Fäden der Uneigennützigkeit und Freundlichkeit im Webstuhl des Herrn mit eingewebt worden sind, in unser Leben hineingefügt vom Geist Gottes. Doch o weh, das Gewand tragen wir selten! Erinnern Sie sich an den Vers?

»Die Frucht des Geistes aber ist Liebe, Freude, Friede …«

Und was noch? Die ersten drei sind die notwendige Form mit den Knöpfen und dem Reißverschluss des Kleides. Der Rest gibt die Farbe und Schönheit:

»… Langmut, Freundlichkeit, Güte, Treue, Sanftmut, Enthaltsamkeit …«

Die Fähigkeit, einen erzwungenen Aufenthalt zu akzeptieren – oder Enttäuschung. Bei Zurücksetzung zu lächeln und mit einem liebevollen, verstehenden Gemüt zu reagieren. Gelassen zu sein, während andere um Sie herum fluchen. Um es einmal anders zu sagen, ich lehnte es ab, bei einem Aufenthalt heute aufgeregt zu sein. Ich bat Gott, mich ruhig und heiter zu halten, entspannt und frisch. Wissen Sie was? Er tat es. Er tat es wirklich! Keine Pillen. Keine Trinkerei. Kein Hokuspokus. Nur zur Ruhe kommen in der Kraft Jesu.

Ich kann Ihnen nicht versprechen, dass andere das verstehen werden. Sie sehen, ich habe jetzt ein anderes Problem. Seit dem Aufstieg lächle ich immer die Stewardessen an, in der Hoffnung, ihnen Mut zu machen. Und gerade jetzt höre ich eine zur anderen sagen: »Beobachte mal den Kerl mit der Brille. Ich glaube, er hat zu viel getrunken.«

Pharisäismus

An dem Tag, an dem Jesus seine Predigt auf dem Berg hielt, war er wahrhaftig nicht zimperlich und ließ eine Menge vom Stapel. Da war nicht ein Pharisäer im Schussbereich, der nicht seinen letzten Denar gegeben hätte, ihn bei Sonnenuntergang aufgehängt zu sehen. Wie sie ihn hassten! Sie hassten ihn, weil er es ablehnte, sie mit ihrem scheinheiligen religiösen Geschwätz laufen zu lassen und mit ihrem supergeistlichen Schmalz, der das Volk infizierte.

Der Messias zog sein scharfes Schwert der Wahrheit aus der Scheide an dem Tag, an dem er auf den Berg stieg. Als er am Abend wieder herunterkam, »tropfte es vom Blut« der Heuchler. Wenn je ein Mensch Größe zeigte, dann war es Jesus an diesem Tag. Seine Worte schnitten in ihre Haut wie Harpunen in den Walfischspeck. Niemals in ihrer berüchtigten, selbstzufriedenen Karriere waren sie mit solch tödlicher Richtigkeit durchbohrt worden. Wie geschwollene Bestien aus der Tiefe schwammen sie an der Oberfläche, für alle sichtbar.

Wenn es eins gab, was Jesus verachtete, dann war es das, worauf sich jeder Pharisäer im Seminar besonders spezialisierte: im besten Licht zu erscheinen, oder, um es ein wenig sanfter zu sagen: die Selbstgerechtigkeit.

Sie waren die »heiligen« Schreckfiguren von Palästina, die ersten auf der Liste der »Rekruten in der königlichen Truppe der Wortschläger«. Sie waren Meister in der Praxis des herunterputzenden Gebetes und verbrachten ihre Zeit damit, andere mit ihrer düsteren Miene und ihrem monotonen, schaurigen Gebrumme zu beeindrucken. Das schlimmste von allem – beim Säen ihrer Saat von Gesetzesdornen und deren Pflege zu verbotenen Trieben religiöser Intoleranz, hinderten die Pharisäer ernsthaft Suchende daran, sich ihrem Gott zu nähern.

Selbst heute spritzen die Dornen der Gesetzlichkeit ein lähmendes Gift in den Leib Christi hinein. Das Gift macht unsere Augen blind, unsere Schärfe stumpf und weckt Stolz in unseren Herzen.

Bald ist unsere Liebe verdunkelt, sie verwandelt sich in eine geistige Pinnwand mit einer langen Checkliste, die von anderen fordert, sich anzupassen. Die Freude der Freundschaft wird gespalten durch eine richtende Haltung und einen kritischen Blick. Es erscheint mir dumm, dass Gemeinschaft auf die enge Linie vorherbestimmter Persönlichkeiten begrenzt sein soll, »akzeptabel« gekleidet. Der kurze Haarschnitt, eine saubere Rasur, guter Schneideranzug (mit passender Weste und Krawatte natürlich), scheint in vielen Kreisen wesentlich zu sein. Nur weil ich einen bestimmten Stil bevorzuge oder mich schön mache, bedeutet das noch nicht, dass es das beste ist, oder dass es etwas für jeden ist. Noch bedeutet es, dass das Gegenteil Gott weniger angenehm ist.

Unser Problem ist eine große Intoleranz denen gegenüber, die nicht in unsere Schablone passen –

eine Haltung, die sich selbst als stoische Starrheit oder ätzende Kritik offenbart. Solche gesetzlichen und voreingenommenen Reaktionen wird die Reihen der örtlichen Gemeinde schneller lichten als ein Feuer im Untergeschoss oder die Grippe in den Kirchenbänken. Wenn Sie das in Frage stellen, werfen Sie einen ernsthaften Blick auf den Galaterbrief. Die Feder des Paulus floss mit »angeheizter« Tinte, als er sie schalt, dass sie sich von Christus *»abwandten«* (1,6), die Gnade Gottes *»wegwarfen«* (2,21), *»bezaubert«* durch Gesetzeswerke (3,1), und mit dem Wunsch, sich *»wiederum zu den schwachen und armseligen Elementen«* zu wenden (4,9).

Sicherlich … es gibt Grenzen unserer Freiheit. Gnade ist nicht Konzession. Liebe hat ihre biblischen Einschränkungen. Das Gegenteil von Gesetzlichkeit ist nicht »tun, was einem gefällt«.

Aber hören Sie gut hin! Die Grenzen sind sehr viel weiter, als die meisten von uns meinen. Ich kann zum Beispiel nicht glauben, dass die einzige Musik, die Gott gefällt, geistig anspruchsvolles oder geistliches Liedgut sein muss. Warum nicht genauso gut Country Folk oder eine Arie?

Noch glaube ich, dass die notwendige Kleidung, um ins Allerheiligste zu gehen, Anzug und Krawatte sein müssen. Warum sollen es nicht Straßenkleidung oder Jeans oder T-Shirts genauso tun? Sie sind geschockt? Wir wollen uns daran erinnern lassen, wer es ist, der an einer eindrucksvollen äußeren Erscheinung interessiert ist. Bestimmt nicht Gott!

»Denn der Herr sieht nicht auf das, worauf der

Mensch sieht. Denn der Mensch sieht auf das, was vor Augen ist; aber der Herr sieht auf das Herz.« (1. Samuel 16,7b)

Und wer kann beweisen, dass die einzige Stimme, die Gott segnen wird, die des ordinierten Pastors am Sonntag ist? Wie ist es mit dem Geschäftsmann am Dienstagnachmittag oder mit dem Oberschullehrer am Freitagmorgen?

Es ist hilfreich, sich daran zu erinnern, dass unser Herr seine strengste und längste Rede nicht für strauchelnde Sünder, entmutigte Jünger oder gar glückliche Leute reserviert hat, sondern für Heuchler, Scheinheilige, Gesetzliche – für die Pharisäer der Gegenwart.

Die Botschaft auf dem Berg an jenem Nachmittag, vor Jahrhunderten, ließ den Zwiespalt der Zeit mit aller Macht und Deutlichkeit widerhallen.

Hören Sie auf Matthäus 6,1:

»Habt acht auf eure Gerechtigkeit, dass ihr die nicht vor den Menschen übt, um von ihnen gesehen zu werden …«

Mit anderen Worten, hört auf, anzugeben!

Hört auf, eure Nasen zu erheben über andere, die nicht in eure vorgefertigte Form passen!

Hört auf, euer Gutsein hervorzuheben.

Hört auf, eure Gerechtigkeit auf dem Podest zu präsentieren.

Hört auf, nach Beachtung zu schielen.

Darin eingeschlossen ist die Warnung, sich vor denen in acht zu nehmen, die es ablehnen, mit solchem Verhalten aufzuhören. Und dann fuhr er fort mit drei speziellen Beispielen, wie Menschen mit ihrer Frömmigkeit angeben, so dass andere nur ein »Ah« und »Oh« über sie aussprechen können.

Matthäus 6,2 spricht davon, *»dass jemand Almosen gibt«*, oder in Taten der Liebe verwickelt ist, die anderen in Not helfen. Jesus sagt, Sie sollen es nicht vor sich »herposaunen«, wenn Sie dies tun. Seien Sie still … ja halten Sie es im Verborgenen (6,4). Schreien Sie nicht nach Aufmerksamkeit wie Tarzan im Dschungel. Halten Sie sich aus dem Bild, bleiben Sie anonym. Erwarten Sie nicht, dass Ihr Name überall erscheint.

Pharisäer lieben es, anderen ihre Gabe zu zeigen. Sie lieben es, dass man von ihnen spricht. Sie lieben es, andere daran zu erinnern, wer dies und das tat oder dieses und jenes an den und jenen gab. Jesus sagt: Gib nicht damit an, wenn du dein Geld dazu verwendest, jemandem auszuhelfen.

Matthäus 6,5 spricht davon, was zu tun ist, *»wenn ihr betet«*. Jesus warnt uns davor, demütige Angeber zu sein, die gern an prominenten Orten stehen und bedeutungslosen Unsinn von sich geben, um gesehen und gehört zu werden. Pharisäer lieben sirupgefüllte Worte und mit Zucker überkrustete Plattheiten. Sie haben die Technik erlangt, hoch-heilig-schmalzig zu klingen. Alles, was sie in ihren Gebeten sagen, veranlasst den Zuhörer zu denken, dass diese fromme Seele ihre Wohnung im Himmel hat und zu den Füßen des Erzengels Michael und Kaiser Wilhelm I. erzogen wurde. Er ist überzeugt davon, dass sie in den letzten achtzehn Jahren keinen schmutzigen Gedanken gehabt hat …, aber im stillen hat er auch acht darauf, dass es eine riesige Kluft gibt zwischen dem, was aus dem Mund des Angebers kommt, und dem, wo er sich gerade jetzt befindet. Jesus sagt: Mach keine Schau daraus, wenn du mit dem Vater sprichst.

Matthäus 6,16 spricht davon, was zu tun ist, *»wenn ihr fastet«*. Nun, das ist der Zeitpunkt, wo der Angeber so richtig in Schwung kommt. Er macht Überstunden, um bescheiden und jämmerlich zu erscheinen, in der Hoffnung, hungrig und ausgepumpt auszusehen, wie so ein Monstrum, das gerade an diesem Nachmittag die Durchkreuzung der Sahara beendete. *»… so seht nicht düster aus wie die Heuchler«*, mahnt Christus. Statt dessen sollten wir frisch aussehen und klingen, sauber und vollkommen natürlich. Warum? Denn – das ist realistisch – das ist echt – das ist es, was Jesus zu vergelten verspricht. Er sagt: Gib nicht an, wenn du zwei oder drei Mahlzeiten ausfallen lässt.

Wir wollen uns dem stellen. Jesus sprach mit stechenden, barschen Worten im Blick auf die Pharisäer. Wenn es zu engstirniger Gesetzlichkeit oder selbstgerechter Angeberei kam, nahm unser Herr kein Blatt vor den Mund. Er fand dies den einzigen Weg, um mit solchen klarzukommen, die um den Ort der Anbetung herumhingen und andere gering schätzten und verachteten. Nicht weniger als siebenmal betont er: »Wehe euch!« – weil das die einzige Sprache ist, die ein Pharisäer versteht – unglücklicherweise.

Zwei letzte Bemerkungen:

Erstens ... wenn Sie in irgendeiner Form zum Pharisäismus neigen, hören Sie auf damit! Wenn Sie der Typ Mensch sind, der andere einzuschüchtern versucht und auf andere herabsieht (immer mit dem Gedanken, wie beeindruckt Gott sein muss, Sie in Seiner Mannschaft zu haben), dann sind Sie ein Pharisäer des 20. Jahrhunderts. Und offen gesagt, das betrifft auch einige, die längeres Haar tragen und die Gitarre einer Orgel vorziehen. Pharisäer können auch ihre Freude daran finden, »cool« zu wirken.

Zweitens ... wenn ein moderner Pharisäer versucht, Ihr Leben zu kontrollieren, bremsen Sie ihn! Bremsen Sie sie! Erinnern Sie den Scheinheiligen daran, dass der Splitter in Ihrem Auge zwischen Ihnen und Ihrem Herrn ist, und dass er auf den Balken in seinem eigenen Auge acht haben soll. Die Chancen sind allerdings so, dass jemand, der einmal infiziert ist, gleich damit weitermachen wird, das Haar in der Suppe zu finden mit dem Eigenlob seines oberflächlichen Lebens, erstickt von den Dornen der Einbildung. Pharisäer, daran müssen Sie denken, können furchtbar schlecht zuhören.

Er, der Sieger

Sie brauchen kein Buch über Riesen und Dornen. Sie könnten Ihr eigenes Buch schreiben von Erfahrungen zum Beispiel, wie Sie an diesem Morgen bereits vor dem Frühstück mit einem oder zwei Riesen gerungen haben. Und Dornen? Da sind Sie ein Experte. An jedem Nachmittag fühlen Sie eine in Ihre Ferse pieken.

Ihre Riesen mögen nicht meine Riesen sein. Sie haben Ihren eigenen ganz persönlichen Stamm, zügellos durch Ihre Woche strolchend, Ihren Frieden und Ihre Ruhe ganz zertretend.

Sie mögen an Dornen leiden, von denen ich nie gehört habe. Tiefe, persönliche Dornen, die Sie seit Jahren in Ihrer Haut mit sich tragen. Sie bluten im geheimen, aber irgendwie haben Sie es fertig gebracht, auf den Beinen zu bleiben, auch wenn Sie bereits beginnen zu hinken.

Ich habe keine Ahnung, wie groß Ihre Riesen sind und wie brennend Ihre Dornen. Aber ich kenne einen, der darum weiß. Einen, der völlig allein stand gegen eine einschüchternde Meute von Riesen mit Namen wie Einsamkeit, Versuchung, Ermüdung, Sorge, Missverständnis, Ablehnung, Schmerz, Tod.

Und wie passend, dass dem Einen, der die Riesen besiegte, von Menschen eine Krone aus Dornen aufs Haupt gesetzt wurde.

Jesus Christus *musste* den dornenlosen Himmel nicht verlassen für diesen von Riesen durchzogenen, dornenübersäten Planeten. Niemand zwang ihn. Er kam ganz freiwillig. Und Seine Wirkung war so, dass die Riesen immer noch zittern, wenn sie Seinen Namen hören. Eitrige Wunden verursachende Dornen fallen immer noch ab bei der Berührung durch den Meisterchirurgen.

Dornen und Riesen wohnen in unserer Welt, aber sie regieren nicht. Er regiert! Er hat es immer getan und wird es immer tun. Durch Ihn – können Sie es auch.

CLV

Watchman Nee

In Hingabe leben

CLV-Classic

160 Seiten
DM 12.80
ISBN 3-89397-385-0

W. Nees Bücher gehören zu den Klassikern der christlichen Literatur. Er sah seinen Dienst in der Verantwortung für die Gemeinden in China und musste um seines Glaubens willen viel leiden.

Zwanzig Jahre Haft konnten seinen Glauben nicht erschüttern. Diese Treue im Leiden gibt seinen Botschaften ein besonderes Gewicht. Im Juni 1972, kurz nach seiner Haftentlassung, gelangte er vom Glauben zum Schauen.

In diesem Buch zeigt er die verschiedenen Schritte auf, die für ein gesundes geistliches Wachstum nach einer Wiedergeburt nötig sind. Wichtige Themen wie »Taufe«, »Mit der Vergangenheit abschließen«, »Loslassen«, »Bibelstudium« und »Gebetsleben« werden mit der Bibel beleuchtet und praktisch angewandt.

CLV-Classic

Jakob Kroeker

Allein mit dem Meister

192 Seiten
DM 12.80
ISBN 3-89397-384-2

Ein im Leben und Dienen Gebender kann man nur werden, wenn man zuvor ein Empfangender geworden ist.

Diesen biblischen Grundsatz für alle, die Gott dienen und ein Segen sein möchten, versucht der Autor bewusst und lieb zu mac hen. Und er zeigt auch, wieviel Frust, Enttäuschung und Entmutigung vermieden werden könnten, wenn die göttlichen Prinzipien beachtet würden.

Viele arbeiten mit Gott, aber es ist trotzdem Menschenwerk, weil sie Gott in ihr Wirken hineinzuziehen versuchen, statt darauf zu warten, dass der Geist Gottes den Menschen in das Wirken Gottes hineinzieht, damit geistliche Frucht entstehen kann.

Nur der persönliche Umgang mit Gott – »allein mit dem Meister« – kann dahin führen.